Connaissance et Libération

Logiques Sociales
Série Sociologie de la connaissance
dirigée par Francis Farrugia

En tant que productions sociales, les connaissances possèdent une nature, une origine, une histoire, un pouvoir, des fonctions, des modes de production, de reproduction et de diffusion qui requièrent descriptions, analyses et interprétations sociologiques.

La série vise à présenter la connaissance dans sa complexité et sa multidimensionnalité : corrélation aux divers cadres sociaux, politiques et institutionnels qui en constituent les conditions empiriques de possibilité, mais aussi , de manière plus théorique, analyse des instruments du connaître dans leur aptitude à produire des « catégorisations » savantes ou ordinaires, à tout palier en profondeur et dans tout registre de l'existence.

Attentive à la multiplicité des courants qui traversent cet univers de recherche, ouverte à l'approche socio-anthropologique, intéressée par les postures critiques et généalogiques, cette série se propose de faire connaître, promouvoir et développer la sociologie de la connaissance. Elle s'attache à publier tous travaux pouvant contribuer à l'élucidation des diverses formes de consciences, savoirs et représentations qui constituent la trame de la vie individuelle et collective.

Dernières parutions

MOUCHTOURIS Antigone, *La métamorphose. Sociologie de la perception*, 2015.

NAMER Gérard, *La mémoire sociétale et la démocratie. Texte posthume, élaboré, composé et préfacé par Francis Farrugia*, 2014.

MOREAU DE BELLAING Louis, *Des sociologues dans la soute*, 2009.

NAMER Gérard, *Machiavélisme et mondialisation en crise*, 2009.

CHARMILLOT Maryvonne, DAYER Caroline, SCHURMANS Marie-Noëlle (dir.), *Connaissance et émancipation*, 2008.

JANNE Henri, *Le système social*, 2008.

MOREAU DE BELLAING Louis, *L'enthousiasme de Madame de Staël*, 2007.

NAMER Gérard, *Karl Mannheim, sociologue de la connaissance. La synthèse humaniste ou le chaos de l'absolu*, 2006.

Francis Farrugia

Connaissance et Libération

La socio-anthropologie de Marx, Freud et Marcuse

Du même auteur

Ouvrages individuels

La crise du lien social. Essai de sociologie critique,
L'Harmattan, 1993.

Archéologie du pacte social. Des fondements éthiques et sociopolitiques de la société moderne, L'Harmattan, 1994.

La reconstruction de la sociologie française (1945-1965),
L'Harmattan, 2000.

La construction de l'homme social. Essai sur la démocratie disciplinaire, Syllepse, 2005.

Critique de la raison sociologique. Le conflit des formes de la connaissance, L'Harmattan, 2012.

Sociologies. Histoires et théories,
CNRS Editions, collection Libris, 2012.

Direction d'ouvrages collectifs

La connaissance sociologique. Contribution à la sociologie de la connaissance (éd.),
L'Harmattan, 2002.

Le terrain et son interprétation. Enquêtes, compte rendus, interprétations (éd.),
L'Harmattan, 2006.

L'interprétation sociologique. Les auteurs, les théories, les débats (éd.), L'Harmattan, 2006.

Emotions et sentiments une construction sociale. Approches théoriques et rapports aux terrains
(en codirection avec Charmillot, Dayer, Schurmans),
L'Harmattan, 2008.

5-7, rue de l'Ecole-Polytechnique, 75005 Paris

http://www.harmattan.fr
diffusion.harmattan@wanadoo.fr

ISBN : 978-2-343-10470-6
EAN : 9782343104706

SOMMAIRE

« En lutte contre cet état social, la critique n'est pas une passion de la tête, mais la tête de la passion. Elle n'est pas un bistouri, mais une arme. Son objet, c'est son ennemi, qu'elle veut, non pas réfuter, mais anéantir. »

Karl Marx

« Le langage n'est pas seulement un moyen de communication, c'est aussi et surtout un mode d'appréhension de la réalité. »

Herbert Marcuse

Introduction

« Le problème central pour moi est toujours de savoir comment on peut obtenir ce changement radical des hommes avant le changement révolutionnaire des institutions de base, sociales et politiques. »

Herbert Marcuse

À l'encontre de la « philosophie positive[1] » qui impose sa fausse rationalité oppressive et son principe de rendement à une « société close[2] », la théorie critique (*Kritische Theorie*) revendique le « pouvoir du négatif », et l'irruption d'une contre-culture de la connaissance réalisant l'humain et « l'élargissement du domaine de la liberté[3] ». Elle révèle et dénonce le maintien de l'ignorance et le caractère irrationnel caché de la

1 « En dernier ressort, la philosophie positive encourage l'abdication de la pensée devant tout ce qui existe et a la force de se maintenir dans l'expérience. Comte déclare explicitement que la dénomination de "positif" qu'il attache à sa philosophie suppose que l'on apprenne aux hommes à adopter une attitude positive à l'égard de l'état de chose existant. La philosophie positive, dit-il, a pour mission d'affirmer l'ordre établi contre ceux qui prétendent vouloir le "nier" », Marcuse, 1968c, p. 376.

« La philosophie positive a mené sur deux fronts sa contre-attaque contre le rationalisme critique. Comte lutte contre la version française de la philosophie négative, c'est-à-dire contre l'héritage de Descartes et des Lumières . », *Ibid.*, p. 374.

2 « Close parce qu'elle met au pas et intègre toutes les dimensions de l'existence, privée et publique. [...] Car le processus d'intégration se déroule, pour l'essentiel, sans terreur ouverte : la démocratie consolide la domination plus fermement que l'absolutisme ; liberté administrée et répression instinctuelle deviennent des sources sans cesse renouvelées de la productivité. », Marcuse, 1968b, p. 7.

3 Marcuse, 1969, p. 11.

rationalité instrumentale triomphante, car « c'est le rationnel qui est devenu le support le plus efficace de la mystification. »

Contre l'univers établi du discours établi, la « théorie critique[4] » revalorisant la pensée libre, activant la raison dialectique non instrumentale en re-connexion avec l'*Eros* refoulé, projette et dessine une transformation radicale de l'être-là répressif du monde politico-techno-marchand se soutenant d'un *Logos* trompeur, de ce *Logos* dévoyé de sa fonction intellective première - apparu dans la Cité grecque du V° siècle av. J.-C. - liée à sa puissance initiale, aujourd'hui dégradée en outil de contention sociale[5].

En cette critique de la domination actuelle : de l'homme sur l'homme, et de l'homme sur la nature (dominations dialectiquement imbriquées), Marcuse retrouve les analyses produites par Nietzsche dans la *Généalogie de la morale*, en laquelle il identifie le processus de civilisation comme entreprise d'élevage et de domestication de l'homme par l'homme sur le temps long de la civilisation, domestication s'opérant à l'aide de cet instrument de contrainte psychique et de contention

---

[4] « Elle a été dès ses débuts plus qu'un simple catalogue et qu'une simple systématisation de faits, car son dynamisme venait précisément de l'énergie avec laquelle elle attaquait les faits et opposait à l'insuffisance de la réalité ses potentialités meilleures. Comme la philosophie, elle s'oppose au verdict de la réalité et au positivisme satisfait. Mais, contrairement à la philosophie, elle ne puise ses objectifs que dans les tendances du processus social. C'est pourquoi elle n'a pas peur de l'utopie que l'on dénonce comme caractérisant l'ordre nouveau. », Marcuse, 1970, p. 158.

[5] « Qu'elles qu'aient été, à l'origine, les implications de la conception grecque du *Logos* en tant qu'essence de l'être, depuis la canonisation de la logique aristotélicienne, ce terme se confond avec l'idée d'une raison qui ordonne, classifie et dirige. […] Le *Logos* se présente comme logique de la domination. […] Le *Logos* de la satisfaction contredit le *Logos* de l'aliénation. », Marcuse, 1963, pp. 108-109.

sociale qu'est la raison instrumentale - cette raison pervertie - assurant désormais, à rebours de sa vocation émancipatoire, son emprise durable sur les désirs et les pulsions de vie d'une population soumise à ses impératifs décrétés raisonnables.

C'est la raison pour laquelle l'être fictif de l'homme, qui s'est historiquement développé comme *Logos de la domination* doit s'effacer devant l'être authentique de l'homme restauré dans sa puissance. Il sera de la sorte mis fin à l'action répressive du *Logos* instrumental. L'homme vivra de nouveau sous le règne de la rationalité vraie, ayant enfin détruit cette rationalité positive qui lui a été imposée sous la pression de l'*Anankê*. Il vivra ce *Logos* éclairé restauré sous la modalité de l'*Eros*. Plus précisément le *Logos* jouissif allié d'*Eros* devra se substituer au *Logos* répressif du principe de rendement se présentant comme principe de réalité, mais opérant en réalité sous les auspices de *Thanatos*. C'est là le sens de la révolution au sens marcusien, qui est une révolution philosophique, anthropologique et politique à la fois, une révolution de la manière de vivre et de penser.

Cette négation[6] de la rationalité positive au profit d'une rationalité négative est libératoire ; elle engage une dialectique de la rationalité, et un avènement de la « raison historique[7] ».

---

[6] « Cette négation annule la rationalité de la domination, *dé-réalise* consciemment le monde formé par cette rationalité, le redéfinissant d'après la rationalité de la satisfaction. », *Ibid.*, p. 148.

[7] « La Raison devient Raison historique. Elle contredit l'ordre établi des hommes et des choses au nom des forces sociales existantes que révèle le caractère irrationnel de cet ordre, car elle est *rationnelle* la forme de pensée et d'action qui est faite pour combattre l'ignorance, pour restreindre la violence et l'oppression, pour s'opposer à l'exploitation. », Marcuse, 1968, p. 165.

Par l'effet de cette démarche dialectique - de rationalité saine - faisant circuler un négatif dissolvant des positivités sociétales pseudo-naturelles et des discours légitimants associés, la théorie critique déconstruit ce monde factice qui se donne pour le monde vrai et pour le seul monde possible. En construisant l'interprétation de l'ordre rationnel existant, en montrant son irrationalité foncière, en le mettant en perspective historique, la critique théorique le déconstruit et en produit la réfutation par l'usage d'un système d'idées philosophiques qui, transcendant la réalité donnée, réfère ce monde collectivement accepté comme réel à son insuffisance d'être, à sa comédie, à ses finalités non réalisées, à ses promesses de liberté, de bonheur, d'égalité et de justice non tenues, à son usurpation. Parce qu'elle est en contradiction avec ses idéaux décrétés, « la société existante est devenue illégitime, illégale : elle a enfreint sa propre loi[8]. »

La pensée dialectique d'inspiration philosophique (hégélienne et marxienne) et plus anciennement platonicienne et rousseauiste - héritage effectif et avéré - oppose ce qui *est* à ce qui *devrait être*, oppose le faux au vrai, l'obscurité de la Caverne et ses ombres au monde extérieur lumineux et ses réalités. Le réel spontanément admis par tous comme tel est décrypté comme *faux réel*, entretenu et légitimé par de *faux discours* médiatiques et politiques et soutenu par une *fausse conscience*. Démasqué, il cède la place à une réalité certes non encore existante empiriquement (la société restant la même) - donc dénommée idéale, utopique, irréaliste, irrationnelle, par le système cognitif dominant - mais existant cependant

---

[8] *Ibid.*, p. 104.

ontologiquement au plus haut point, étant de toute manière appelée à s'actualiser dans l'histoire.

« On pourrait par exemple l'entendre de cette façon : l'homme *n'est pas* libre (en fait), il n'est pas nanti de droits inaliénables, etc., mais il *devrait* l'être parce qu'il est par nature libre, ou parce qu'il est libre aux yeux de Dieu, etc. La pensée dialectique appréhende donc la tension critique existant entre "est" et "devrait", avant tout comme une donnée ontologique qui appartient à la structure de l'être lui-même. Cependant, la connaissance de cet état de l'être - la théorie - appelle, dès le début, une *pratique* concrète. À la lumière d'une vérité qui, en eux, apparaît falsifiée et niée, les faits donnés apparaissent eux-mêmes comme faux et négatifs[9]. »

Cet argumentaire est caractéristique d'une réactivation du concept de *theoria* : c'est là un retour de la contemplation des vérités éternelles dans la philosophie platonicienne[10], d'un accès à l'Être nous permettant de dénoncer l'illusion du paraître, et engageant une *praxis*. Sous la poussée de ce « pouvoir du négatif[11] » démystifiant des positivités et des croyances en place (certes pour qui a déjà intégré cette dialectique critique), il faudrait, pour que la libération effective de l'*anthropos* advienne (pour ceux qui sont encore sous l'emprise de

---

9 *Ibid.*, p. 157.

10 « C'est ainsi que le discours socratique est un discours politique puisqu'il contredit les institutions politiques établies. Tenter de trouver la bonne définition du "concept" de vertu, de justice, de piété, de connaissance, devient une entreprise subversive à partir du moment où le concept exige une nouvelle *polis*. », *Ibid.*, p. 158.

11 « La Raison est le pouvoir subversif ; c'est "le pouvoir du négatif" qui établit la vérité pour les hommes et pour les choses, à la fois en tant que Raison théorique et en tant que Raison pratique, c'est-à-dire qu'il établit les conditions dans lesquelles les hommes et les choses peuvent devenir ce que réellement ils sont. », *Ibid.*, p. 147.

l'idéologie), que « l'infrastructure de l'homme » change, que son appareil psychique et « instinctuel » connaisse une mutation fondamentale entraînant une *conversion*, une *prise de conscience,* et que surgisse l'urgence d'un mode de vie *autre*, non aliéné, laissant place à l'hédonisme, à l'esthétisme, et à un principe de réalité exempt de toute « sur-répression. »

A cette *rectification en pensée,* doit succéder une *rectification en action* qui consacre le passage de la philosophie classique, purement *spéculative,* à une philosophie sociale et politique *opérative*, faisant de l'*épistémê* une *praxis*. Tout ceci - pour être compris d'abord, et pour pouvoir être vécu ensuite - présuppose l'adoption d'une logique autre et d'un autre « univers de discours » ; ceci suppose une conversion mentale, une reconstruction du regard que nous portons sur l'individu et la société, sur le pouvoir de la pensée et des représentations, sur le réel, sur sa dimension non pas naturelle et fatale, mais construite en fonction d'intérêts économiques et politiques visant à pérenniser la domination d'un groupe sur un autre. Il faut qu'advienne un regard extériorisant et objectivant, mais aussi un regard réflexif, un regard intérieur qui prenne désormais en considération *hors de nous* comme en nous-mêmes *l'intrication profonde et ancienne du psychologique et du politique*[12], domaines artificiellement cloisonnés mais en réalité tissés pour construire nos émotions, nos perceptions, et nos conceptions ; autant de machines de maintien du monde qui définissent notre condition actuelle dissociant l'individualité de la collectivité, l'intérêt

---

12 « L'appareil conceptuel de la psychanalyse, loin de l'exclure, appelle au contraire une problématique politique - dévoile, en d'autres termes - sous leur apparence purement biologique, la nature profondément historique et sociale de ses conceptions. », Marcuse, 1970, p. 337.

personnel de l'intérêt collectif. Ce n'est pas innocent, car le totalitarisme a besoin de valoriser l'individualisme et la liberté individuelle pour perdurer.

Dans le registre de la connaissance socio-anthropologique, pour parvenir à une vision lucide, il faut donc « développer le contenu sociologique et politique des catégories psychologiques[13] » de telle sorte que notre existence, lorsque nous voulons l'appréhender objectivement, ne soit plus dissociée par des disciplines qui, n'étant pas connectées, ne permettent pas à la pensée critique de mettre en évidence les processus de contrainte psycho-politiques à l'œuvre dans nos vies. Le politique et le sociétal structurent les consciences, induisent l'auto-contrainte et la discipline. En effet, ce sont « des forces sociales qui déterminent la *Psyché.* » C'est à ces forces qu'il faut s'attaquer pour les transformer. C'est cet « ordre objectif des choses[14] » qu'il faut dénoncer, car il est « le fait de la domination. »

Tel est l'univers, telle est la problématique complexe du projet éthico-politique de Marcuse, qui présuppose l'accomplissement préalable de ce que la Révolution se propose précisément de réaliser, à savoir le « changement radical des hommes *avant* le changement révolutionnaire des institutions ». En ce cercle vertueux[15] inversant cause et conséquence de la logique révolutionnaire marxiste -

---

[13] Marcuse, 1963, p. 9.

[14] « On a défini la *nature des choses* et de la société de façon à justifier rationnellement l'oppression et l'exploitation. », Marcuse, 1968b, p. 170.

[15] « Vous m'objecterez que pour développer les nouveaux besoins révolutionnaires, il faut d'abord supprimer les *mécanismes* qui maintiennent les anciens besoins. Mais pour supprimer les mécanismes qui maintiennent les anciens besoins, il faut d'abord qu'il y ait le *besoin* de supprimer les anciens mécanismes. C'est exactement le cercle en présence duquel nous nous trouvons, et je ne sais pas comment on en sort. », Marcuse, 1968a, pp. 35-36.

posant le changement des conditions matérielles d'existence et des institutions, comme *préalable* au changement de la conscience - réside l'essence de la posture *libertaire* non orthodoxe de Marcuse, qui intègre *l'utopie* à la *praxis*, pose la puissance de l'esprit et des idées au fondement du projet de Libération matériel, considérant que *l'imaginaire* possède à terme le pouvoir de structurer le réel et de changer le monde.

C'est là l'espérance de l'irruption d'un *fantastique et collectif syndrome dé-narratif*, en rupture avec la narration conformiste ordinaire maintenant les populations en dépendance et en soumission à la logique du rendement propre aux sociétés modernes. C'est l'une des raisons pour lesquelles Marcuse, dans un entretien publié par *L'Express* en septembre 1968 - se référant aux slogans des étudiants français alors en révolte, tout comme les étudiants allemands - déclare : « Il y a un graffiti que j'aime beaucoup, c'est : "Soyez réalistes, demandez l'impossible". C'est magnifique. Et aussi : "Méfiez-vous, les oreilles ont des murs". C'est réaliste ! »

CHAPITRE I

LES ASSISES DE LA THEORIE CRITIQUE

1. La dialectique historique de Marx
Première assise de la théorie critique

Marx considérait que la société industrielle moderne était constituée d'un agrégat d'individus guidés par leurs intérêts privés et par la recherche d'une satisfaction individuelle égoïste. Dans cette perspective, le droit lui-même doit être considéré comme la mise en forme systématique, comme la rationalisation inconsciente de cette nouvelle réalité anthropologique et sociale. Le développement de la société industrielle a peu à peu mis fin à la vie communautaire ancienne et lui a substitué une vie sociétale constituée de rapports artificiels. L'homme de la société capitaliste est un homme factice, une abstraction produite par la société marchande, puisqu'il n'existe plus de fait que des individus particuliers. L'homme a perdu son lien organique fondamental avec la communauté vivante. L'homme abstrait des Droits de l'homme tente de donner consistance à une fiction.

Nous trouvons en conséquence chez Marx une critique des Droits de l'homme, en particulier dans ses œuvres de jeunesse : *La question juive, La Sainte Famille, La Critique du droit politique hégélien.* Il dénie une quelconque valeur aux Droits de l'homme, estimant qu'il ne saurait exister, dans les sociétés capitalistes, une autonomie du juridique par rapport au politique, de la même manière qu'il ne saurait y avoir autonomie du politique par rapport au socio-économique. La libération de l'homme à l'égard de l'exploitation dont il est l'objet par une classe dominante s'étant approprié les moyens collectifs de production et de survie collective, doit *d'abord* être réalisée dans les rapports économiques et sociaux effectifs, dans l'infrastructure sociale, dans la vie réelle, dont toute forme juridique n'est jamais que le reflet déformé, parce que transposé de manière inversée dans la sphère des rapports humains abstraits. « Aucun des droits *dits de l'homme*, ne dépasse donc l'homme égoïste, l'homme tel qu'il est comme membre de la société bourgeoise, c'est-à-dire un individu replié sur lui-même, sur son intérêt privé et son bon plaisir privé, et séparé de la communauté[16]. »

L'État politique est appréhendé dans la perspective de ce qu'il nomme la « société bourgeoise », en conséquence de quoi l'émancipation de l'homme abstraitement garantie par le droit est dénoncée par Marx comme relevant de l'illusion commune. Le prétendu droit à la liberté de l'homme et du citoyen n'est en réalité qu'une aspiration masquée à l'égoïsme de la part de l'individu qui ne désire rien d'autre que « jouir et disposer de sa fortune arbitrairement (à son gré), sans se rapporter à d'autres hommes, indépendamment de la société, c'est le droit à l'égoïsme[17]. »

---

16 Marx, 1974, pp. 99 -109.

17 *Ibid.*, pp. 99 - 109.

La critique est sévère et porte sur les notions fondamentales d'Homme et de Citoyen, c'est-à-dire essentiellement sur ce qu'il faut entendre par société réelle, par lien social authentique. Le droit, en réalité, catégorise, cautionne et légitime l'existence d'un faux lien social et d'une fausse liberté. Les Droits de l'homme sont donc dénoncés comme étant des droits purement formels qui donnent forme acceptable par tous aux intérêts de la classe dominante ; en conséquence de quoi aucun des Droits de l'homme ne dépasse en fait les intérêts de l'individu égoïste de la société bourgeoise. C'est là un faux universel.

« La reconnaissance des droits de l'homme par l'État moderne ne signifie pas autre chose que la reconnaissance de l'esclavage par l'État antique. La base naturelle de l'État antique, c'était l'esclavage ; celle de l'État moderne, c'est la société bourgeoise, l'homme de la société bourgeoise, c'est-à-dire l'homme indépendant, qui n'est rattaché à autrui que par le lien de l'intérêt privé et de la nécessité naturelle, dont il n'a pas conscience, l'esclavage du travail intéressé, de son propre besoin égoïste d'autrui. L'État moderne, dont c'est là la base naturelle, l'a reconnue comme telle dans la proclamation universelle des droits de l'homme[18]. »

Cette critique ne peut se comprendre que dans la mise en perspective des Droits de l'homme par rapport à une conception matérialiste et économique de l'Histoire. Une telle vision réaliste de l'histoire humaine est au centre du système herméneutique marxiste. Ce que Marx nomme le « moteur de l'histoire » n'a pas à être cherché dans de quelconques institutions, instances idéales et idéologiques,

---

18 Marx et Engels, 1969, p. 139.

qui ne sont en fait que le reflet déformé et la légitimation des événements authentiques et des forces réelles s'opposant dans le cours de l'Histoire sous la forme de la « lutte des classes ». Le droit et plus particulièrement ici ce droit spécial - qui se donne pour être Droit de l'Homme en général - n'est qu'un épiphénomène sécrété par des besoins matériels propres à une certaine classe d'hommes, dans une certaine situation vitale concrète.

Le moteur de l'histoire des sociétés ne doit donc pas être recherché dans des conflits politiques, religieux, juridiques ou idéologiques, précisément parce que toutes ces instances sont autant de dérivés de mécanismes plus profonds d'ordre essentiellement économique, ou du moins de mécanismes tenant à la sphère de la vie matérielle, concrète au sens large. Le moteur de l'histoire n'est pas non plus à rechercher au sein de la culture et des valeurs collectives, au sens où la concevaient des penseurs comme Voltaire, Montesquieu, Rousseau ou Condorcet. La philosophie, les idées ne sont pas les ressorts de l'histoire.

Le moteur de l'histoire réside dans un processus vital : l'affrontement des hommes entre eux et avec la nature. C'est dans la dialectique de l'homme avec la nature que se situe la clé de la socialisation, puisqu'une telle transformation de la nature par le travail nécessite une division de celui-ci et donc une entrée en relation des hommes pour la réalisation d'un projet de survie commun. La dialectique qui lie l'homme à la nature lie indissociablement l'homme à l'homme. Transformant la nature, modifiant le milieu extérieur pour l'adapter à ses besoins, l'homme se transforme lui-même, transforme sa propre nature et ses propres besoins, puisqu'il s'engendre dialectiquement comme être social par la médiation nécessaire du travail et des divers échanges sociaux. Par son travail sur la nature, l'homme se produit comme être social et se fabrique de réels besoins sociaux dont le droit fait précisément partie, et transforme en retour sa nature. En ceci consiste la *détermination* fondamentale de la vie collective. « Qu'est-ce que la société, quelle que soit sa forme ? Le produit de l'action réciproque des hommes. Les hommes sont-ils libres de choisir telle ou telle forme sociale ? Pas du tout. [...] Posez certains degrés de développement de la production, du commerce, de la consommation, et vous aurez telle forme de constitution sociale, telle organisation de la famille, des ordres ou des classes, en un mot telle société civile. Posez telle société civile, et vous aurez tel État politique, qui n'est que l'expression officielle de la société civile[19]. »

Ce que Marx nomme « la scène réelle de l'histoire », c'est la vie même, les rapports effectifs d'échange des hommes avec la nature, et des hommes entre eux. Ces rapports réels qui forment la base concrète et matérielle de toute société, Marx estime qu'ils constituent « l'infrastructure » sociale. Cette infrastructure recouvre deux données fondamentales qui sont les leviers de la pensée marxiste : « les forces productives », et « les rapports de production ». « L'ensemble de ces rapports de production constitue la structure économique de la société, la base concrète sur laquelle s'élève une superstructure juridique et politique et à laquelle correspondent des formes de conscience sociale déterminées[20]. »

Les « forces productives », ce sont les pouvoirs physiques et intellectuels dont disposent les hommes pour

---

19 Marx, 1968, pp. 147 - 149.

20 Marx, 1972a, pp. 4-5.

transformer et contrôler les forces de la nature, elles incluent les techniques, les outils et les machines, toutes sortes de choses qui ne cessent de progresser au cours du temps. Les « rapports de production » sont formés par les relations instaurées entre les hommes au cours de leur travail. Ces rapports de production constituent à chaque période de l'histoire une forme pour l'expression des forces productives d'une époque donnée.

« Dans la production sociale de leur existence, les hommes entrent en des rapports déterminés, nécessaires, indépendants de leur volonté ; ces rapports de production correspondent à un degré de développement donné de leurs forces productives matérielles. L'ensemble de ces rapports de production constitue la structure économique de la société, la base réelle, sur quoi s'élève une superstructure juridique et politique et à laquelle correspondent des formes de conscience sociales déterminées. Le mode de production de la vie matérielle conditionne le procès de vie social, politique et intellectuel en général. Ce n'est pas la conscience des hommes qui détermine la réalité ; c'est au contraire la réalité sociale qui détermine leur conscience[21]. »

Le droit fait partie de ces formes particulières nécessitées par un certain degré de développement des forces productives, de l'organisation du travail et du marché, à une certaine période de l'histoire. Ces formes particulières élaborées spontanément par toute société, constituent le champ idéologique qui fonctionne comme signe et symptôme de la vie réelle dans une société déterminée. Dans un tel monde, l'homme ne s'apparaît donc pas tel qu'il est, il est obscur à lui-même. Il saisit le monde à

---

21 *Ibid.*, p. 9.

travers l'image inversée que lui en fournit l'idéologie. « La structure sociale et l'État résultent constamment du processus vital d'individus déterminés ; mais de ces individus, non point tels qu'ils peuvent s'apparaître dans leur propre représentation ou apparaître dans celle d'autrui, mais tels qu'ils sont en réalité, c'est-à-dire, tels qu'ils œuvrent et produisent matériellement[22]. »

Toute idéologie reflète, mais de manière déformée, la réalité sociale matérielle : les rapports de dépendance et de soumission, les rapports d'exploitation et de travail existant d'homme à homme. Toute idéologie, en particulier le droit et ses valeurs dominantes, nous renseigne - non pas immédiatement, mais après analyse et interprétation - sur les besoins réels de l'organisation sociale à laquelle elle donne forme recevable. Mais toute idéologie n'offre qu'une image déformée de la réalité authentique en raison d'un effet retard et en quelque sorte inertiel inhérent à toutes les superstructures sociales. « Sur les différentes formes de propriété, sur les conditions d'existence sociale, s'élève toute une superstructure d'impressions, d'illusions, de façons de penser et de conceptions philosophiques particulières. [...] L'individu qui les reçoit par la tradition ou par l'éducation peut s'imaginer qu'elles constituent les véritables raisons déterminantes et le point de départ de son activité[23]. »

Autrement formulé, cela signifie que le droit, entre autres entités idéologiques, et de manière plus large nos représentations du monde, changent moins vite que la réalité concrète - toujours en mouvement - dont ces conceptions sont l'émanation. Les rapports de production

---

22 Marx et Engels, 1965, pp. 25 - 26.

23 Marx, 1976, pp. 47-48.

sont donc soumis à une variation continue et révèlent en conséquence leur nature essentiellement relative à la réalité matérielle. En raison de leur nature retardataire, les cadres idéologiques et les normes collectives accréditées d'une société déterminée, peuvent se trouver en totale contradiction avec les besoins effectifs de cette même société et avec les nouvelles normes qui sont nécessitées par la nouvelle configuration matérielle, par exemple les valeurs bourgeoises issues du commerce au regard des valeurs féodales issues de la propriété terrienne. L'idée de liberté individuelle est indispensable à la mise en place de la nouvelle société d'échange marchand et de travail salarié, elle n'est plus compatible avec l'enfermement de la production dans le carcan des corporations, et dans le régime du servage. Si l'incompatibilité est majeure et insoluble, il se produit un événement historique qui porte pour nom « révolution ». Sont alors promulgués de nouveaux droits de ces nouveaux hommes vivant dans de nouvelles conditions. Ces nouveaux droits incarnent et expriment les nouvelles aspirations des hommes et leurs nouveaux besoins supposés plus conformes, en un certain sens, aux nouvelles conditions économiques et aux nouveaux rapports sociaux effectifs.

Mais une société est pourtant toujours aveugle sur elle-même, tout autant que les hommes sur eux-mêmes (voir à ce sujet la théorie de l'inconscient freudien qui fonctionne comme *analogon* de la théorie marxiste). Il n'y a pas de transparence immédiate des rapports sociaux ; c'est cela l'idéologie, c'est cela la vie sociale. De nouveaux rapports, en particulier juridiques, entre les hommes se succéderont donc jusqu'à ce que le théâtre de l'Histoire joue enfin la dernière scène.

À « la fin de l'Histoire », les contradictions seront enfin épuisées, les conflits entre les hommes seront dénoués, la fameuse « lutte des classes » exténuée, la paix régnera entre les hommes et, suprême conséquence, l'État se dissoudra, s'éteindra. Les rapports juridiques disparaîtront, laissant la place à de purs rapports humains au sein de la société communiste. « Dans le cours de son développement succédera à l'ancienne société civile, une association qui exclura les classes et leur antagonisme, et il n'y aura plus de pouvoir politique proprement dit, puisque le pouvoir politique est précisément le résumé officiel de l'antagonisme dans la société civile[24]. »

À la fin de l'Histoire, c'est donc de la libération totale de l'homme qu'il s'agit. Marx, en ce sens, est d'un radicalisme absolu par rapport à la pensée politique de Hegel, qui, pour sa part, s'en tient à une conception étatique de la vie sociale. Marx dépasse largement la vision d'un État organique pour dresser le portrait d'une société sans aucun État. Tout État, même l'État de la société des Droits de l'homme n'étant qu'un instrument d'oppression de la communauté vivante, et la première puissance idéologique s'exerçant sur l'homme.

L'État, initialement institué pour assurer la liberté des individus à l'égard d'un oppresseur interne ou externe possible, devient par l'effet d'un processus pervers de dégénérescence qui lui est inhérent le contraire de ce pour quoi il a été constitué. Il devient un instrument d'oppression par lequel une partie du corps social exerce sa tyrannie sur l'ensemble de la communauté, répétant en quelque sorte la maxime de Rousseau selon laquelle le peuple se donne des chefs pour éviter d'avoir des maîtres ;

---

24 Marx, 1947, pp. 135 - 136.

les chefs finissant précisément par devenir ces maîtres tant redoutés. « La société se crée un organisme en vue de la défense de ses intérêts communs contre les attaques intérieures et extérieures. Cet organisme est le pouvoir d'État. À peine né, il se rend indépendant de la société, et cela d'autant plus qu'il devient davantage l'organisme d'une certaine classe, qu'il fait prévaloir directement la domination de cette classe[25]. »

Une telle conception de l'Etat-despote, et des droits-prison, dépasse les Droits de l'homme en même temps qu'elle les réalise et les accomplit. La conception étriquée de la liberté définie par les textes de la Déclaration des droits est anéantie dès lors qu'elle est positionnée dans l'horizon de cette libération véritable de l'homme, envisagée par Marx. Il faut donc dépasser cette conception réductrice des Droits de l'homme dans laquelle « l'homme réel n'est reconnu que sous la forme de l'individu égoïste, l'homme vrai seulement sous la forme du citoyen abstrait[26] ». Dans l'État bourgeois l'on a besoin de décréter l'homme libre, non par souci de sa dignité, mais parce que l'économie de marché a besoin pour se développer de travailleurs libres de vendre leur force de travail. Dans la société capitaliste, l'homme doit être « libre propriétaire de sa puissance de travail, de sa propre personne. Le possesseur d'argent et lui se rencontrent sur le marché et entrent en rapport l'un avec l'autre comme échangistes au même titre. Ils ne diffèrent qu'en ceci : l'un achète et l'autre vend, et, par cela même tous deux sont des personnes juridiquement égales[27]. »

---

25 Engels, 1968, pp. 54 - 55.

26 Marx, 1974, p. 38.

27 Marx, 1972b, pp. 171 - 172.

Telle est la critique marxiste des Droits de l'homme : la liberté juridique tant magnifiée par nos sociétés, n'étant en dernière analyse, une fois dépouillée de ses atours humanistes, que la condition nécessaire à l'exploitation de l'homme par l'homme. D'où l'analogie signalée par Marx entre l'esclavage dans la cité antique et l'exploitation dans la société moderne. La différence entre l'esclave et le prolétaire résidant en ceci que ce dernier, s'il veut maintenir sa personnalité, ne doit mettre sa « force de travail[28] » que temporairement à la disposition de l'acheteur, alors que la force de travail de l'esclave, de même que sa personne, est propriété intégrale du maître. Le travailleur dit libre se trouve donc dans la sphère de la circulation des biens et des marchandises. Être libre, cela signifie d'abord avoir le droit de se vendre (à condition qu'il y ait un acheteur), l'esclave n'ayant pour sa part même pas besoin de cette garantie pour sa sécurité sociale. Le travailleur dispose donc de sa force de travail comme d'une marchandise ; en cela résident sa liberté et son droit, en tant qu'homme d'une telle société marchande.

Mais dans la société finale, qui sera selon Marx, une société sans classe, une *Gemeinschaft* restaurée en somme, chacun réalisera au sein de la communauté son essence d'homme total et concret, réellement libre, désaliéné, et il ne sera plus question de ce que Marx appelle la « liberté piquet » (caractérisant la liberté telle qu'elle est définie par la société bourgeoise) : « la liberté est donc le droit de faire tout ce qui ne nuit pas à autrui. Les limites dans lesquelles chacun peut se mouvoir sans nuire à autrui sont marquées par la loi, de même que la limite de deux

---

28 Sous ce nom de *force de travail* « il faut comprendre l'ensemble des facultés physiques et intellectuelles qui existent dans le corps d'un homme, dans sa personnalité vivante, et qu'il doit mettre en mouvement pour produire des choses utiles. », *Ibid.*

champs est déterminée par un piquet. Il s'agit de la liberté de l'homme considéré comme une monade isolée, repliée sur elle-même[29]. »

Une telle liberté est une liberté négative puisqu'elle isole les individus les uns des autres, limitant le champ de leurs actions réciproques, mettant en place des rapports juridiques tels que les hommes ne doivent jamais se rencontrer en tant qu'hommes, étant niés comme tels et seulement reconnus comme citoyens ayant des droits et pouvant entrer en concurrence. C'est ainsi que la définition de la liberté est indissolublement liée au concept de police, en ce que la sécurité est considérée comme l'un des biens et des droits fondamentaux du citoyen.

C'est ainsi que l'article 8 de la constitution de 1795 fait l'objet d'une sévère critique[30]. Marx conteste aussi la conception du droit et des libertés développée dans la Déclaration de 1789. Une telle conception suppose en effet qu'il y aura toujours antagonisme entre l'homme et l'État, alors que la conception marxiste fait preuve d'un optimisme à la fois historique et politique sans faille, puisqu'elle admet la possibilité de l'existence d'une société dans laquelle tous les hommes seront enfin réconciliés et vivront dans une harmonie complète. « Le gouvernement des personnes fait place à l'administration des choses et à la direction des opérations de production. L'État n'est pas aboli, il s'éteint[31]. » L'État étant éteint, sont aussi éteints les Droits de l'homme qui sont les droits d'un homme vivant sous la contrainte des lois d'une

---

[29] Marx, 1974, p. 37.

[30] L'article 8 traite de la sûreté, laquelle consiste : « dans la protection accordée par la société à chacun de ses membres, pour la conservation de sa personne, de ses droits et de sa propriété. »

[31] Marx, 1969. p 114.

société aliénée. Les Droits de l'homme sont, du point de vue de Marx, critiquables parce qu'ils présupposent un homme constitutionnellement asservi et incapable d'accéder à une existence sociale purifiée de tout conflit. Il convient dans cette perspective d'aller plus loin que ne le fait la déclaration de 1789. Au-delà des Droits de l'homme, il faut viser l'Homme lui-même. Cet homme véritable surgit comme être social désaliéné ayant rendu caduques les entraves mêmes du droit.

Marx organise donc une mise en accusation radicale du droit et du lien social afférent, et s'attaque à la lettre même du texte de la Déclaration des droits de l'homme et du citoyen en posant la question majeure concernant la nature même de l'homme : « Qui est *l'homme* distinct du *citoyen* ? […] Pourquoi le membre de la société bourgeoise est-il appelé "homme", homme en soi, pourquoi ses droits sont-ils appelés droits de l'homme[32]? » La prétendue universalité de l'homme est ici ramenée à la particularité du bourgeois, et la prétendue universalité des Droits de l'homme, ramenée à la particularité des droits de tel homme appartenant à telle société historiquement déterminée. Mais si Marx produit une critique des Droits de l'homme, c'est toutefois pour des raisons tout à fait opposées à celles qui motivent la critique de ces mêmes droits, telle que nous la trouvons formulée par les ultra-conservateurs, preuve s'il en est que l'on peut tenir des affirmations similaires pour des raisons et des buts diamétralement opposés.

Pour Marx, ce qui se profile comme « fin de l'histoire », c'est l'émancipation totale de l'homme à l'égard de toute servitude, y compris celle du droit, but

32 Marx, 1974, pp. 99 -109.

bien plus grandiose que celui que se propose la doctrine des Droits de l'homme, puisque celle-ci conçoit l'homme comme devant *toujours* exister sous la tutelle d'un droit prétendument naturel, censé à la fois révéler, promouvoir, et garantir son humanité. Ce que Marx envisage pour l'homme, c'est l'avènement de son humanité véritable qui ne peut se concevoir que sous la forme de purs liens sociaux, débarrassés donc de la prothèse tutélaire des droits, de la prothèse des lois et de l'État, dont seul avait besoin l'homme de l'ancien temps. « Une forme de la vie a vieilli[33] », dirait Hegel. Pour l'homme de la société ayant actualisé le pur lien social et réalisé la pure communauté, le droit est devenu une béquille inutile. La vie du droit doit en quelque sorte céder la place au droit de la vie.

Le fait que l'État bourgeois se pose comme idéal d'universalité ne doit donc pas nous duper ; l'État n'est dans tous les cas qu'un instrument au service d'intérêts économiques propres à la classe dominante. « Du seul fait qu'elle est une classe et non plus un ordre, la bourgeoisie est contrainte de s'organiser sur le plan national, et non plus sur le plan local, et de donner une forme universelle à ses intérêts communs. En émancipant de la communauté la propriété privée, l'État a acquis une existence particulière à côté de la société civile et en dehors d'elle ; mais cet État n'est pas autre chose que la forme d'organisation que les bourgeois se donnent par nécessité pour garantir réciproquement leurs propriétés et leurs intérêts tant à l'intérieur qu'à l'extérieur[34]. »

---

[33] Hegel, 1940.

[34] Marx et Engels, 1965, p. 106.

L'apport de cette analyse marxiste, en tant qu'elle se combine avec la vision psychanalytique de la société proposée par Freud - telle que nous allons la présenter ci-après - est en ceci essentiel qu'il permet la mise en perspective du lien social resitué dans sa dimension idéologique et fantasmatique à la fois (détournement, substitution et sublimation). La vie sociale est renvoyée par la théorie critique de Marcuse à sa double assise économique et pulsionnelle, mais aussi éthique, et se voit comprise comme déformation ordonnée selon une nouvelle logique à décrypter. La vie sociale est en tous les cas désormais ce dont l'interprétation est à faire au-delà des apparences, ce qui requiert vigilance et probité ; en cela réside la valeur critique de cette sociologie. Bien que reconnu comme réalité devenue ayant sa logique interne, et sa nécessité propre, le lien social et politique est donc alors pensé comme toujours à faire, à entretenir ou à reconstituer selon des modalités pratiques à contenu éthique et politique à la fois. Une telle théorie sociale présuppose l'érection corrélative d'une nouvelle figure de l'homme posé dans sa dimension d'interprète possible du réel et de contractant virtuel. L'homme est dès lors défini comme agent de liaison sociale potentiel. Par une telle restauration de l'*anthropos* dans sa position de contractant possible, et d'individu existant en quelque sorte comme nature nouvelle, se révèle donc la dimension fondamentalement conventionnaliste du lien social, et aussi, de manière récurrente, le caractère fictif, fantasmatique, ou idéologique, et pourtant dans une certaine mesure nécessaire, de sa naturalité postulée.

2. L'anthropologie politique de Marcuse
Une *Aufhebung* du matérialisme historique vers « l'idéalisme social »

Une fois prise la mesure de l'obstacle massif et majeur se dressant devant la Libération, constitué par le système économique technique et financier du capitalisme, une fois estimés sa pesante matérialité et son ancrage dans *l'infrastructure* qui le supporte (ressources, milieu géophysique, sources d'énergie, forces productives, rapports de production, répartition des richesses, commerce, machines, techniques, etc.) et qui a modelé en profondeur les modes d'existence de nos sociétés industrielles développées, il convient de prendre toute la mesure d'un autre obstacle s'opposant lui aussi à la Libération, non matériel celui-là, mais toutefois très puissant, car il verrouille psychiquement, culturellement, idéologiquement, métaphysiquement, le système, et assure sa perduration.

Cet autre obstacle au changement de société n'est pas infrastructurel et matériel, mais immatériel, superstructurel et idéationnel. Il s'agit de *l'idéologie dominante*, qui est toujours comme le précise Marx, celle de la classe dominante. Seul *le pouvoir de vérité* de la théorie critique se trouve en mesure de dénoncer le faux être-là de la réalité, en transcendant par ses jugements apophantiques l'univers clos du discours conforme et conformiste[35]. Nous entrons ici dans le domaine des représentations déterminantes du rapport vécu au monde, aux autres et à soi. C'est de manières de connaître, et donc de manières

---

[35] « Le jugement vrai juge cette réalité non pas dans les termes de cette réalité, mais dans les termes qui impliquent la subversion de cette réalité. Et à travers cette subversion, la réalité atteint à sa propre vérité. », Marcuse, 1968b, p. 156.

de vivre qu'il s'agit ici. Cette superstructure idéationnelle et émotionnelle qui organise en profondeur et durablement les consciences, détermine une vision collective du monde et des rapports sociaux inversée, fausse. Elle regroupe la politique, le droit, la religion, la philosophie, la science, la morale, l'art, etc., instances imbriquées qui construisent et déterminent les représentations du monde vécu sous l'effet des déterminations infrastructurelles dont cette superstructure est l'émanation et la légitimation involontaire et inconsciente, mais de plus en plus volontaire et consciente en ce qui concerne la classe dirigeante.

Il convient - en sus de cette interprétation marxiste classique du fonctionnement social et politique de nos sociétés industrielles avancées - de prendre en considération la mise en évidence par Marcuse d'un troisième obstacle au changement de société, obstacle non plus seulement institutionnel et socialement extérieur, mais *intérieur à l'homme* lui-même, *un pouvoir instituant de la réalité* sociale, *institué par la structuration auto-répressive du psychisme de l'individu* ayant, sous l'influence du principe de réalité, incorporé la contrainte et la répression des pulsions induites par le système et la reproduisant. Il s'agit de *la structure psychoaffective* que Marcuse appelle non sans référence subversive et provocatrice à Marx, « l'infrastructure de l'homme. »

Ce concept est dissident au regard de la théorie matérialiste de Marx, étant donné que pour ce dernier l'infrastructure ne peut être que matérielle et sociale, et non pas individuelle et psychique, et que c'est selon lui, de cette base matérielle économique « déterminante en dernière instance » qu'il faut partir - pour expliquer l'univers politique et social, les états de conscience, les représentations collectives, les normes et les valeurs sociales - et non pas de ces réalités idéationnelles des représentations et des complexions intérieures des acteurs qui ne sont que des « reflets » de la vie matérielle sans aucune consistance[36]. Or, Marcuse, se souvenant de sa formation phénoménologique, investigue le monde vécu des représentations et, tout en intégrant partiellement cette vision réaliste anti-métaphysique de l'histoire et du monde, n'intègre pas pour autant le paradigme matérialiste-économiciste marxiste[37].

Il dépasse dialectiquement l'opposition binaire infrastructure matérielle/superstructure culturelle, par la position d'un troisième terme, par le recours à une médiation de nature *empirico-transcendantale*. Il s'agit de la mise en évidence d'une infrastructure intermédiaire entre le monde matériel et le monde culturel, infrastructure non pas de la société mais « de l'homme », désignant une réalité anthropologique, une entité psychique ayant intériorisé l'extériorité.

La dissidence paradigmatique réside en outre dans l'affirmation révolutionnaire de la puissance *déterminante*

---

36 « Autrement dit, on ne part pas de ce que les hommes disent, s'imaginent, se représentent, ni non plus de ce qu'ils sont dans les paroles, la pensée, l'imagination et la représentation d'autrui, pour aboutir ensuite aux hommes en chair et en os ; non, on part des hommes dans leur activité réelle, c'est à partir de leur processus de vie réel que l'on représente aussi le développement des reflets et des échos idéologiques de ce processus vital. », Marx et Engels, 1965, p. 17.

37 « L'image que se fait Marx du domaine de la nécessité ne correspond plus à la situation dans les États industriels hautement développés d'aujourd'hui. Et l'image *marxienne* du domaine de la liberté au-delà de la nécessité apparaît à juste titre comme *romantique* au vu de la démocratie de masse totalitaire qui s'étend de façon foudroyante. [...] Cette mise en tutelle totalitaire-démocratique de l'homme et de la nature a entraîné également l'annexion des régions subjectives et objectives destinées au règne la liberté. », Marcuse, 1970, p 15.

de cette infrastructure non matérielle à l'égard, *et* des rapports sociaux *et* de la vie matérielle. Il s'agit en cette inversion explicative d'un véritable dépassement du matérialisme et d'un retour de l'idéalisme, ce que Marcuse revendique comme étant un « retournement du matérialisme historique en idéalisme social[38] ». Marx avait prétendu retourner l'idéalisme philosophique en matérialisme dialectique ; Marcuse revendique un *retournement dialectique de ce retournement, qui n'est toutefois pas un retour,* afin de réhabiliter certes un idéalisme, non pas le vieil idéalisme idéologique mais *un nouvel idéalisme* qui prétend au dépassement de l'idéologique vers ce qu'il faut tout simplement nommer un discours de vérité[39] mettant en action ce que je nomme *le pouvoir de la vérité.*

Ce nouvel idéalisme, Marcuse le qualifie de « social » ; social il l'est, en ce qu'il est au service de l'homme et de la société à venir dont il construit la vision et l'anticipation. L'infrastructure de l'homme, sa dimension instinctuelle, pulsionnelle et cognitive est désormais potentiellement révolutionnaire, et peut générer une nouvelle connaissance, une nouvelle morale, une nouvelle culture, un nouvel idéal, même si cette infrastructure a été en un premier temps induite et déterminée par des instances économiques ; et c'est cette

---

[38] Marcuse, 1976, p. 76.

[39] « Mais puisque la vérité est un état de l'Être en même temps qu'un état de la pensée, puisque la pensée manifeste l'Être et l'exprime, accéder à la vérité reste un projet virtuel, tant que l'homme ne vit pas dans la vérité et avec la vérité. […] Car, dans la réalité donnée, procurer les choses nécessaires à la vie, c'est le travail à longueur de vie de la majorité des gens, et pourtant il *faut* que ces choses soient procurées pour que la vérité (qui est la liberté à l'égard des nécessités matérielles) puisse exister. », Marcuse, 1968b, p. 153.

contre-morale, cette contre-culture qui modifieront la réalité[40].

C'est cette infrastructure de l'homme qui *maintenant,* sera *déterminante en première instance.* Cette nouvelle *complexion psycho-cognitive et émotionnelle* sera « radicalement » déterminante du « changement révolutionnaire des institutions de base, sociales et politiques. » Comme chez Antonio Gramsci, ce sont donc ici les idées, les représentations que se font les hommes, qui possèdent le pouvoir de changer le monde. Le rôle de l'imagination est également déterminant en ce qu'il permet de combattre, par sa production utopique, le totalitarisme, qui se fonde sur le rationalisme, car « la lutte contre la liberté de pensée et de l'imagination est devenue un instrument puissant du totalitarisme, qu'il soit démocratique ou autoritaire[41]. »

Il convient toutefois de rendre justice à la théorie matérialiste qui, tout en affirmant le rôle déterminant « en dernière instance » (selon l'expression marxiste) de l'économie, du processus matériel de production et de reproduction de l'existence, a tout de même pris en considération le rôle lui aussi déterminant - en une autre instance donc - de l'idéologie et des diverses représentations collectives, dans la mesure où cette détermination n'est pas exclusive d'autres déterminations, émanant cette fois de la dimension superstructurelle ; en

---

40 « La révolte instinctuelle devient alors révolte politique […] De la sorte tout radicalisme politique implique un radicalisme moral, et appelle une moralité capable de préparer l'homme à la liberté. Un tel radicalisme raffermit le fondement élémentaire, organique, de la moralité de l'homme. […] La moralité est une "disposition" de l'organisme […] Nous tiendrons alors, en amont de toutes les "valeurs", un fondement instinctuel pour une solidarité de l'espèce humaine. », Marcuse, 1969, pp. 20-21.

41 Marcuse, 1963, p. 13.

atteste un extrait de la lettre adressée de Londres par Engels à Joseph Bloch en date du 21 septembre 1890. Elle fut pour la première fois publiée dans le *Sozialistische Akademiker.* Je la cite dans toute sa longueur :

« D'après la conception matérialiste de l'histoire, le facteur déterminant dans l'histoire est, *en dernière instance,* la production et la reproduction de la vie réelle. Ni Marx, ni moi n'avons jamais affirmé davantage. Si, ensuite, quelqu'un torture cette proposition pour lui faire dire que le facteur économique est le *seul* déterminant, il la transforme en une phrase vide, abstraite, absurde. La situation économique est la base, mais les divers éléments de la superstructure - les formes politiques de la lutte de classes et ses résultats, - les Constitutions établies une fois la bataille gagnée par la classe victorieuse, etc., - les formes juridiques, et même les reflets de toutes ces luttes réelles dans le cerveau des participants, théories politiques, juridiques, philosophiques, conceptions religieuses et leur développement ultérieur en systèmes dogmatiques, exercent également leur action sur le cours des luttes historiques et, dans beaucoup de cas, en déterminent de façon prépondérante la *forme*. Il y a action et réaction de tous ces facteurs au sein desquels le mouvement économique finit par se frayer son chemin comme une nécessité à travers la foule infinie de hasards (c'est-à-dire de choses et d'événements dont la liaison intime entre eux est si lointaine ou si difficile à démontrer que nous pouvons la considérer comme inexistante et la négliger). Sinon, l'application de la théorie à n'importe quelle période historique serait, ma foi, plus facile que la résolution d'une simple équation du premier degré. »

La prise en compte de l'infrastructure de l'homme - au sens où Marcuse la définit - comme pouvant être *prioritairement déterminante* d'une modification des rapports sociaux et politiques existants - demeure toutefois *originale et subversive à l'égard de la doctrine marxiste*, réorganisant en profondeur la logique dure des facteurs économiques déterminants, réaffirmée en effet clairement par Engels dans cette lettre à Joseph Bloch[42] (en dépit de quelques assouplissements concédés en direction de croisements de déterminations multiples et complexes, et en direction de l'idéologie de la tradition, conçues comme facteurs actifs), bien au-delà d'une simple conception action/réaction, au-delà d'une théorie de la relation dialectique existant entre infrastructure et superstructure.

C'est donc bien, chez Marcuse, d'une nouvelle infrastructure qu'il s'agit ici, de nature non pas économique mais *anthropologique*, jouant, elle, à la différence de ce que défend Engels, un *rôle décisif*. Cette infrastructure pourra changer les rapports sociaux, pour autant qu'elle

---

[42] « Nous faisons notre histoire nous-mêmes, mais tout d'abord avec des prémisses et dans des conditions très déterminées. Entre toutes, ce sont les conditions économiques qui sont finalement déterminantes. Mais les conditions politiques, etc., voire même la tradition qui hante les cerveaux des hommes, jouent également un rôle, bien que non décisif. Ce sont les causes historiques et, en dernière instance, économiques, qui ont formé également l'État prussien et qui ont continué à le développer. [...] Mais, deuxièmement, l'histoire se fait de telle façon que le résultat final se dégage toujours des conflits d'un grand nombre de volontés individuelles, dont chacune à son tour est faite telle qu'elle est par une foule de conditions particulières d'existence ; il y a donc d'innombrables forces qui se contrecarrent mutuellement, un groupe infini de parallélogrammes de forces, d'où ressort une résultante - l'événement historique - qui peut être regardée elle-même, à son tour, comme le produit d'une force agissant comme un tout, de façon *inconsciente* et aveugle. Car, ce que veut chaque individu est empêché par chaque autre et ce qui s'en dégage est quelque chose que personne n'a voulu. C'est ainsi que l'histoire jusqu'à nos jours se déroule à la façon d'un processus de la nature et est soumise aussi, en substance, aux mêmes lois de mouvement qu'elle. [...] C'est Marx et moi-même, partiellement, qui devons porter la responsabilité du fait que, parfois, les jeunes donnent plus de poids qu'il ne lui est dû au côté économique. [...] Je ne puis tenir quitte de ce reproche plus d'un de nos récents "marxistes" », Engels, *Lettre à Joseph Bloch*, 21-22 septembre 1890.

aura elle-même changé par l'effet d'une conversion des consciences, dont l'action libératoire sera imputable à une avant-garde intellectuelle déjà libérée. Cette théorie engage une *praxis*. Cette théorie est en soi une *praxis*.

3. La théorie psychanalytique de Freud Deuxième assise de la théorie critique

Dans la deuxième partie des *Essais de psychanalyse*, Freud traite de la psychologie collective et de l'analyse du moi. Il y examine les mécanismes du fonctionnement social et procède à l'analyse critique d'un certain nombre d'institutions, ainsi que d'attitudes et dispositions mentales. Il y est successivement question de l'âme collective, de l'église et de l'armée, mais aussi de manière curieuse, de l'état amoureux et de l'hypnose ; nous verrons par la suite la place et la signification de telles analyses et leur importance au regard de la théorie critique de Marcuse.

Ce chapitre II des *Essais* commence par une récusation de l'opposition commune faite entre psychologie individuelle et psychologie sociale. Ce rapprochement autorisera les analyses produites par Marcuse dans le registre d'une *psychologie politique* en laquelle le psychisme individuel et le psychisme collectif relèveront d'un constructivisme commun : « l'opposition entre la psychologie individuelle et la psychologie sociale ou collective, qui peut à première vue paraître très profonde, perd de son acuité lorsqu'on l'examine de plus près[43]. » Par cette assimilation, est à la fois fondée la dimension sociale, historique et devenue, de la psyché individuelle,

---

43 Freud, 1966, p. 83.

mais aussi ce que nous serions tentés de nommer l'application de la psychanalyse à la connaissance des phénomènes sociaux, application ou plutôt exercice de transposition très problématique dans la mesure où un tel usage de la psychanalyse est directement lié à une vision critique de la société et de la civilisation. Si l'on sait d'un savoir scientifique, d'un savoir démontré, universel et nécessaire, alors l'on ne peut pas accepter un discours qui ne se soutient que de sa propre certitude subjective et qui prétend pourtant à la vérité. Telle est la position de Freud en la matière[44]. Par sa critique, il vise essentiellement la religion, et à un degré moindre la philosophie, formations culturelles pouvant être selon lui assimilées à des puissances productrices d'illusions, ayant en conséquence une influence néfaste sur l'esprit humain dont elles réactivent la composante infantile au détriment bien sûr, de l'adaptation au réel et de la rationalité.

Freud développe une analyse critique de l'organisation de la vie collective des sociétés modernes. Il procède à une série d'évaluations portant sur les institutions, la civilisation et la culture, observées dans leurs dimensions et implications sociopolitiques. Mais de telles évaluations, lorsqu'elles sont effectuées d'un point de vue psychanalytique, entraînent de multiples difficultés en raison de l'absence d'une norme claire qui permettrait de décider du caractère pathologique ou normal (au sens de néfaste ou bénéfique) de certaines pratiques sociales, institutions, formations culturelles, ou actions politiques[45].

---

[44] « En effet, la vérité ne peut pas être tolérante, elle ne doit admettre ni compromis ni restrictions. La science considère comme siens tous les domaines où peut s'exercer l'activité humaine et devient inexorablement critique dès qu'une puissance tente d'en aliéner une partie. », Freud, 1971b, p. 211.

[45] « Dès que nous avons reconnu pour des illusions les doctrines religieuses, une nouvelle question se pose : d'autres biens culturels, que nous

Dans nos sociétés, qu'en est-il de la nature et de la fonction de l'art, de la religion, de la philosophie, de la science ? Toutes questions qui sont reprises par Marcuse. Dans quelle mesure la civilisation est-elle en mesure d'assurer la satisfaction des désirs légitimes des hommes vivant en son sein ? Peut-on échapper à la répression des pulsions programmée par la civilisation, à la frustration engendrée par les impératifs de la vie en commun ? Mais Freud ne pense pas pour autant l'opposition entre normal et pathologique comme renvoyant à des essences nettement déterminables, mais plutôt comme relations fonctionnelles dynamiques et problématiques existant entre les groupements humains et la civilisation qui les rend possibles.

De plus, Freud affirme clairement qu'il n'existe pas de conception du monde (*Weltanschaung*) proprement psychanalytique, mais que la psychanalyse hérite simplement sa vision de la vision scientifique du monde, déjà constituée par la science dont elle est une branche : « En tant que science spécialisée, rameau de la psychologie - psychologie abyssale ou psychologie de l'inconscient, - l'analyse n'est nullement capable de créer une conception particulière du monde, elle doit se conformer à celle que lui offre la science[46]. »

Et, à supposer même qu'une telle norme du bien-vivre et du vivre-juste puisse être exhibée, il ne serait au pouvoir de personne, une fois le diagnostic supposé correct posé, de mettre en place une quelconque thérapie sociale ou

---

estimons très haut et par lesquels nous laissons dominer notre vie, ne seraient-ils pas de nature semblable ? Les principes qui règlent nos institutions politiques, ne devraient-ils pas de même être qualifiés d'illusions ? », Freud, 1971a, p. 49.

[46] Freud, 1971b, p. 209.

politique qui en assurerait la mise en œuvre. En admettant que la chose soit envisageable, elle ne va pas sans difficultés. La question posée par l'usage de la théorie psychanalytique à des fins d'élucidations sociologiques et politiques porte sur la validité et la légitimité à poser la question du social en termes de pathologie politique ou sociale du lien ; c'est la raison pour laquelle Freud prend toute une série de précautions méthodologiques.

Remarquons qu'il s'agit de la reprise en termes modernes d'un ancien problème déjà formulé par Platon, et plus tard par les Épicuriens et les Stoïciens (mais dans un contexte antique dont Marcuse va s'inspirer), de la juste politique, du genre de vie qui vaut le mieux, et de la médecine de la communauté. C'est le retour chez Freud de la question du philosophe-médecin de la civilisation, à ceci près que Freud n'est au sens strict, ni philosophe, ni moraliste, ni penseur politique, ce qu'est en revanche Marcuse.

« Je ne saurais dire qu'une pareille tentative d'application de la psychanalyse à la communauté civilisée serait absurde ou condamnée à la stérilité. Mais il faudrait procéder avec beaucoup de prudence, ne pas oublier qu'il s'agit uniquement d'analogies, et qu'enfin non seulement les êtres humains, mais aussi les concepts, ne sauraient être arrachés sans danger de la sphère dans laquelle ils sont nés et se sont développés. Au surplus, le diagnostic des névroses collectives se heurte à une difficulté particulière. Dans le cas de la névrose individuelle, le premier point de repère utile est le contraste marqué entre le malade et son entourage considéré comme “normal”. Pareille toile de fond nous fait défaut dans le cas d'une maladie collective du même genre ; force nous est de la remplacer par quelque autre moyen de comparaison. Quant à l'application thérapeutique de nos connaissances… à quoi servirait donc l'analyse la plus pénétrante de la névrose sociale, puisque personne n'aurait l'autorité nécessaire pour imposer à la collectivité la thérapeutique voulue ? En dépit de toutes ces difficultés, on peut s'attendre à ce qu'un jour quelqu'un s'enhardisse à entreprendre dans ce sens la pathologie des sociétés civilisées. » Effectivement, quelqu'un s'est « enhardi. »

Nous pouvons considérer que d'une certaine façon Marcuse est l'un de ceux qui, conformément à l'attente de Freud, se sont attachés à mettre en œuvre cette fameuse « pathologie des sociétés civilisées. » La pathologie individuelle trouve ses racines dans la pathologie sociale et politique. Marcuse voit dans la psychanalyse « une construction théorique qui vise non à guérir les maladies individuelles, mais à diagnostiquer le désordre général. » Il défend cette conception contre celle implicitement contenue dans la pratique ordinaire de la psychanalyse « néo-freudienne » qu'il nomme « révisionniste[47] » confondant réalité et état de fait idéologique et visant à l'inverse à une adaptation de l'individu au désordre social. Durkheim, déjà, avait mis en lumière cette question fondamentale de la pathologie des sociétés modernes[48].

---

47 « Alors que la psychanalyse reconnaît que la maladie de l'individu est en dernière analyse causée et entretenue par la maladie de la civilisation, la thérapeutique psychanalytique vise à soigner l'individu de manière qu'il puisse continuer à fonctionner comme partie d'une civilisation malade sans capituler complètement devant elle. L'acceptation du principe de réalité, à laquelle aboutit la thérapeutique psychanalytique, signifie l'acceptation par l'individu de la réglementation culturelle de ses besoins instinctuels, particulièrement dans le domaine de la sexualité. », Marcuse, 1963, p. 225.

48 Dans l'introduction à son ouvrage portant pour titre *De la division du travail social*, une partie du texte a été supprimée dès la deuxième édition en 1902 ; mais en 1893, on pouvait lire ceci concernant la notion de normalité sociale et de sa mise en évidence dans le cadre d'une sociologie politique que l'on peut qualifier de normative : « La question ne diffère pas essentiellement de celle que se pose le biologiste, quand il cherche à séparer le domaine de la

Marcuse, invoquant la symptomatologie freudienne valant pour l'individu mais aussi pour la civilisation, se propose de réhabiliter *Eros* contre *Logos* ; il convoque bien sûr Freud, mais plus profondément encore Platon[49] qui pose à travers le cas de l'insurrection éthico-politique de Socrate, la question philosophique radicale : comment peut-on être sain dans une société malade ? Il est peut-être possible de contester l'orthodoxie freudienne de l'interprétation psychologico-politique marcusienne, mais ce n'est pas là l'important, et il est en revanche capital de remarquer qu'un tel usage de la psychanalyse à des fins d'analyses sociales et politiques a réellement été fait, et a de plus été associé à l'usage du matérialisme historique, et ce à des fins critiques. Comme Marcuse le fait remarquer, son but est « d'apporter une contribution à la philosophie de la psychanalyse, et non à la psychanalyse elle-même. » L'événement est d'importance dans l'histoire de la sociologie et de la psychologie politique[50].

---

physiologie normale, de celui de la physiologie pathologique ; car c'est un fait de pathologie morale qu'une règle présente indûment le caractère de l'obligation ou en soit indûment privée. Nous n'avons donc qu'à imiter la méthode que suivent en pareil cas les naturalistes. », Durkheim, 1975, p. 283.

[49] « L'interprétation freudienne de l'être dans les termes d'Eros est celle de la première étape de la philosophie platonicienne, qui n'envisageait pas la vraie cité comme sublimation répressive, mais comme auto-développement libre d'Eros. Dès l'époque de Platon, cette conception apparaît comme un résidu archaïque mystique : Eros est absorbé dans le Logos, et le Logos est la raison qui soumet les instincts., Marcuse, 1963, p. 120.

[50] « Cet essai utilise des catégories psychologiques parce qu'elles sont devenues des catégories politiques. Les frontières traditionnelles entre la psychologie et la philosophie sociale et politique sont devenues caduques à cause de la condition de l'homme à l'époque actuelle. [...] Par conséquent, des problèmes psychologiques se transforment en problèmes politiques : les troubles privés reflètent plus directement qu'auparavant le désordre de l'ensemble et la guérison des troubles personnels dépend plus directement qu'avant de la guérison du désordre général. », Marcuse, 1963, p. 9.

Si l'« application » est problématique, du moins la validité des catégories psychanalytiques est-elle reconnue réelle pour ce qui concerne l'investigation sociale et politique. Une telle validité de l'usage socio-politique des catégories analytiques se fonde sur la non-opposition entre l'individuel et le collectif. Est récusée comme nous l'avons dit, non pas la différence mais l'opposition entre psychologie sociale et psychologie collective[51].

La récusation de cette opposition possède un caractère subversif très net puisque ce qui se joue ici, ce n'est rien moins que l'éclatement du sujet au profit d'instances infra-structurelles déterminantes, éclatement qui aura la postérité que l'on sait. Ce qui se joue c'est bien la dissolution du sujet annulé dans sa dimension métaphysique, la destitution de la conscience de sa position de plein pouvoir, le replacement du vouloir hors de la sphère de la maîtrise immédiate. L'origine du sens de l'Histoire n'est plus pensable dans les termes posés par la tradition. Et ce qui confère signification à l'existant social ne peut plus être recherché dans les instances traditionnellement convoquées : homme en tant que sujet libre, ou en tant que volonté abstraite, exerçant sa pleine puissance sur le monde et sur les hommes.

---

51 « Dans son essai *La psychologie des masses et l'analyse du moi*, la psychanalyse franchit le pas nécessaire de la psychologie individuelle à la psychologie collective, à l'analyse de l'individu comme chaînon dans la masse, de la psychê individuelle comme psychê collective, un pas nécessaire, parce que la théorie freudienne avait trouvé dès le début l'universel dans le particulier, et le malheur universel dans le malheur individuel. L'analyse du moi se transforme en une analyse politique, où les individus se lient pour constituer des masses, et où l'idéal du moi, la conscience et la responsabilité ont été "extraits", arrachés au domaine de la psychê individuelle et incarnés dans un agent extérieur. », Marcuse, 1970, p. 254.

Marcuse, à la suite de Freud, est bien décidé à introduire le collectif dans l'âme individuelle[52]. Mais, à la différence de Freud, il a intériorisé le paradigme matérialiste et historique marxiste et, à la différence de Marx cette fois, il fait aussi intervenir les mécanismes individuels dans la compréhension des phénomènes collectifs.

Ce qui est contesté là c'est une investigation socio-politique qui prétendrait pouvoir se dispenser d'une anthropologie, conçue comme théorie du psychisme individuel dans ses composantes collectives. Il s'agit d'une certaine manière d'une psychologie au sens où Tönnies lui-même la concevait, au sens où Durkheim la définissait lui aussi, c'est-à-dire comme investigation du dépôt collectif présent dans une simili-singularité autonome de la personne. Il s'agit de comprendre les hommes dans leur être devenu. L'esprit humain saisi dans sa dimension individuelle est toujours déjà investi par les modèles collectifs, la communauté habite originairement l'âme individuelle. « Chaque individu participe ainsi de plusieurs âmes collectives, de celles de sa race, de sa classe, de sa communauté confessionnelle, de son État, etc.[53] » Ce qui est de la sorte affirmé, c'est l'être collectif de l'inconscient individuel, son être construit par l'effet de la langue même, et de son pouvoir structurant. Il n'est,

---

[52] « C'est ainsi que la socialisation (*Vergesellschaftung*) première de l'individu est l'œuvre de la famille et, quel que soit le degré d'autonomie que l'enfant peut atteindre, son moi commence par se développer dans la sphère du privé : il devient un soi-même en même temps que l'autre, mais aussi en s'y opposant. L'"individu" lui-même est un processus vivant de médiation, où toutes les formes de subordination et de liberté sont intériorisées et deviennent le comportement même de l'individu. [...] La société agit directement sur le moi en train de se constituer par les mass media, les groupements scolaires et sportifs, les bandes de jeunes, etc. », Marcuse, 1970, pp. 251-252.

[53] Freud, 1966, p. 157.

selon Freud aucun inconscient qui transcende les individus puisqu'ils sont de toute manière toujours déjà investis précocement par le caractère collectif de la vie sociale. « Il n'est guère facile de transférer à la psychologie collective les concepts de la psychologie individuelle et je doute qu'il puisse y avoir quelque profit à instaurer le concept d'un inconscient "collectif". Le contenu de l'inconscient n'est-il pas, dans tous les cas, collectif ? Ne constitue-t-il pas une propriété générale de l'humanité[54] ? »

La psychanalyse ainsi repositionnée surgit alors comme instrument critique permettant de dévoiler l'artifice de certains rapports sociaux et politiques, permettant de constituer une théorie de la culture, et corrélativement, de l'illusion à l'œuvre au sein de toute civilisation. Par l'effet de l'interprétation psychanalytique, peuvent s'opérer une démystification et une dénonciation de la nature perverse d'une certaine organisation sociale et politique.

À de tels propos, concernant la dimension sociale de l'âme individuelle, tenus en 1920, font écho d'autres affirmations, soutenues celles-là en 1913 dans *Totem et tabou.* Dans le paragraphe 7 du dernier chapitre *Le retour infantile du totémisme*, Freud affirme déjà qu'il existe une âme collective : « Et d'abord, il n'a sans doute échappé à personne que nous postulons l'existence d'une âme collective dans laquelle s'accomplissent les mêmes processus que ceux ayant leur siège dans l'âme individuelle[55]. » Freud pose et développe alors une analogie structurelle entre la foule et l'individu, entités distinctes mais pourtant toutes deux dotées d'une âme,

---

[54] Freud, 1948, p. 177.

[55] Freud, 1971d, pp. 180-181.

présentant une constitution interne similaire. La chose n'est aucunement démontrée ici, mais postulée. De plus, ceci ne signifie pas qu'il s'agisse de la même âme, selon que l'on considère l'individu ou la foule, sinon l'analogie se résoudrait en identité. Plus précisément il affirme qu'il existe une identité de rapport et non pas de termes entre l'âme de l'individu et celle de la foule. Une telle analogie postulée en fonde une autre, celle existant plus largement entre psychologie individuelle et psychologie collective, déjà signalée.

L'enjeu est de montrer qu'il n'y a pas de véritable autonomie du champ psychologique par rapport au champ social. « C'est qu'autrui joue toujours dans la vie de l'individu le rôle d'un modèle, d'un objet, d'un associé ou d'un adversaire, et la psychologie individuelle se présente dès le début comme étant en même temps, par un certain côté, une psychologie sociale, dans le sens élargi, mais pleinement justifié du mot[56]. »

Une telle tentative d'appliquer la psychanalyse aux phénomènes sociaux est délicate, et *Malaise dans la civilisation* que Freud écrira en 1929 portera témoignage de l'insistance du projet et de son caractère éminemment problématique eu égard à la mise en place du couple normal/anormal, sain/pathologique, à des fins de compréhension de l'organisation sociale. Le schéma utilisé par Freud dans le cadre individuel ne s'applique pas sans difficulté à la réalité collective : la difficulté réside dans la légitimité et la pertinence d'une telle importation de concepts du champ de la psychologie et plus précisément de la psychopathologie, dans celui de la sociologie et de la philosophie politique. Rappelons-le, il

---

[56] Freud, 1966, p. 83.

ne s'agit que d'analogies, nous précise Freud ; mais nous devons remarquer qu'elles introduisent directement à la question du réformisme social, présent au sein de toute analyse de l'organisation politique, ainsi qu'à la question de la sociologie critique, c'est-à-dire à l'irruption de la sociologie dans la sphère du politique, ce dont Marcuse fera largement usage en tissant marxisme et freudisme. Se trouve donc engagée, par la position de cette hypothèse de l'homogénéité des processus régissant l'âme individuelle et l'âme collective, une dynamique des affectivités saisies dans leur composante collective.

L'analyse de l'âme individuelle nous révélera donc ce dont elle est porteuse : le lien social lui-même, l'organisation politique, la contrainte morale, la domination intériorisée[57], la répression des pulsions, la normalisation des désirs. Inversement, toute analyse de la vie sociale rencontrera sur son chemin la psyché individuelle en tant qu'elle est associée aux autres psychés, et occupée par les autres sous l'effet de ce processus fondamental et quasi religieux de l'identification.

Le sujet individuel est tout à la fois dissous comme sujet par la foule et le groupe dans lequel il est inscrit, et constitué comme sujet fantasmatique par cette même foule qui le transcende et le légitime tout à la fois. Le sujet se constitue comme sujet par l'existence d'autrui, mais à l'inverse, c'est encore autrui qui dans la foule le déstructure comme sujet pour opérer sa fusion dans l'âme collective. La foule est pour Freud l'occasion de réfléchir sur le lien social, sur l'essence de la société même, car au-

---

[57] « Il y a domination chaque fois que sont donnés par avance à l'individu, et vécus par lui comme tels, les buts auxquels il aspire et les moyens qu'il a d'y atteindre. », Marcuse, 1970, p. 338.

delà de tout phénomène associatif fusionnel, passager ou permanent, naturel ou conventionnel, élémentaire ou différencié, ce qui se joue, c'est la compréhension de la simple société humaine. La foule n'est que miroir grossissant, occasion de révéler les éléments fondamentaux qui président à la synthèse des individus en un tout que l'on nomme société. La psychanalyse est alors envisagée par Freud comme instrument transcendant les purs rapports de singularité, pour fonder une compréhension de l'individu en tant qu'être social, tel que la sociologie elle-même le définit.

Il ne s'agit plus, dit Freud, de considérer les relations que l'individu entretient avec ses parents, ses frères, ses sœurs, la personne aimée, l'ami ou le médecin ; il s'agit, au-delà de tout psychologisme de comprendre ce qu'il en est du lien social, de déterminer ce qui tient les hommes ensemble, et qui fonde la communauté. Au-delà de la compréhension du phénomène particulier des foules, il faut comprendre l'organisation humaine collective, la collectivité. « Or, lorsqu'on parle de la psychologie sociale ou collective, on fait généralement abstraction de ces rapports, pour ne considérer que l'influence simultanée qu'exercent sur l'individu un grand nombre de personnes qui, sous beaucoup de rapports, peuvent lui être étrangères, mais auxquelles le rattachent cependant certains liens. C'est ainsi que la psychanalyse collective envisage l'individu en tant que membre d'une tribu, d'un peuple, d'une caste, d'une classe sociale, d'une institution, ou en tant qu'élément d'une foule humaine qui, à un moment donné et en vue d'un but donné, s'est organisé en une masse, en une collectivité[58]. »

---

[58] Freud, 1966, p. 84.

La foule nous révèle la condition fondamentale de l'homme, sa condition sociale. Lorsqu'ils sont ensemble, absorbés par une foule, les individus sont transformés, ils pensent et agissent alors de manière spécifique à cette insertion dans une totalité qui, en même temps qu'elle les absorbe, les désindividualise et les restructure sur un mode à la fois régressif, archaïque et gratifiant. La superstructure psychique culturellement élaborée par chaque individu est ici temporairement annulée, ce qui permet corrélativement une « mise à nu de la base inconsciente, uniforme, commune à tous[59]. »

En conséquence, l'on est autorisé à dire que la foule uniformise et radicalise les comportements ; une telle désindividualisation est la conséquence de mécanismes qui sont selon Freud au fondement du lien social lui-même : *la suggestion, l'identification, la contagion réciproque*. Le comportement de l'homme dans la foule, outre qu'il possède l'avantage de nous révéler les puissances de cohésion sociale à l'œuvre au sein même de la civilisation, et donc de l'humaine nature socialement définie, possède de plus le mérite de nous manifester l'autre face de la nature de l'homme, sa nature originelle ; celle que Freud postule exister au commencement même de la civilisation. Sur ce sujet, il cite l'ouvrage de Lebon *Psychologie des foules*, qui lui sert de fil conducteur : « Par le seul fait qu'il fait partie d'une foule, l'homme descend donc de plusieurs degrés sur l'échelle de la civilisation. » La foule agit à la fois comme révélateur de la condition sociale de l'homme, mais aussi de sa nature pulsionnelle fondamentale dont la civilisation assure la régulation, dans les situations ordinaires de la vie sociale. La foule donc, révèle, mais aussi génère certains comportements et une certaine

---

59 *Ibid.*, p. 88.

dimension de l'humaine condition. La foule « ne supporte aucun délai entre le désir et sa réalisation[60]. » La foule comme les enfants et les « primitifs », obéit au principe de plaisir plutôt qu'au principe de réalité, principe qui préside au bon fonctionnement de nos institutions. La foule nous offre l'image d'une humanité non pas véritablement primitive, mais première, elle nous livre les éléments qui nous permettent de saisir l'ampleur, l'intensité et la violence du phénomène de socialisation et d'acculturation.

C'est en quelque sorte de l'homme brut qu'il s'agit ici, non pas de l'homme en son état de nature tel que Rousseau en constitue fictivement le portrait, mais de l'homme en ses balbutiements de vie sociale, de l'homme à l'état de nature selon Hobbes, auquel Freud emprunte d'ailleurs sa célèbre formule pour décrire l'homme originel : *homo homini lupus*. Est ainsi dressé un portrait de la société en ses commencements supposés, qui fait surgir l'image d'un homme régi par ses pulsions primaires, et ne tissant d'autre lien social que celui qui se trouve conforme à son appétit de jouissance et à sa crainte de la souffrance et de la mort. Les premiers rapports sociaux sont selon Freud, des rapports d'exploitation, d'appropriation, de jouissance et de volonté de maîtrise [61].

---

60 *Ibid.*, p. 92.

61 « L'homme n'est point cet être débonnaire, au cœur assoiffé d'amour, dont on dit qu'il se défend quand on l'attaque, mais un être, au contraire, qui doit porter au compte de ses données instinctives une bonne somme d'agressivité. Pour lui, par conséquent, le prochain n'est pas seulement un auxiliaire et un objet sexuel possibles, mais aussi un objet de tentation. L'homme est, en effet, tenté de satisfaire son besoin d'agression aux dépens de son prochain, d'exploiter son travail sans dédommagements, de l'utiliser sexuellement sans son consentement, de s'approprier ses biens, de l'humilier, de lui infliger des souffrances, de le martyriser et de le tuer. *Homo homini lupus*. […] L'agressivité se manifeste aussi de façon spontanée, démasque sous l'homme la bête sauvage qui perd alors tout égard pour sa propre espèce. », Freud, 1971c, pp. 64-65.

Cette image de l'homme brut surgit la plupart du temps sur un mode semi-mythique, aussi bien dans *Totem et tabou*, que dans *Malaise dans la civilisation* et *L'avenir d'une illusion*, ainsi que dans *Moïse et le monothéisme.* C'est bien l'image ambivalente et complexe de l'humain qui est ici constituée. Cet homme freudien est habité par des pulsions naturelles ressortissant du « ça », ne connaissant ni la morale ni la loi, le posant dans sa dimension biologique et organique première, dans sa dimension désirante gouvernée par le « principe de plaisir », mais sous l'influence du « principe de réalité ». Au cours de l'évolution et de la maturation ontogénétique et phylogénétique à la fois, une partie du ça primitif se socialise, se détache, et finit par donner naissance au « moi » ayant intégré la dimension de socialité et de culturalité nécessaire à la vie en commun.

Par la vertu de l'intériorisation des normes sociales, par le pouvoir de cette instance « surmoïque », la vie sociale devient possible et durable, reposant sur des mécanismes psychiques fondamentaux, sur le renoncement à la satisfaction immédiate et directe des pulsions, sur la mise en place de processus de *substitution, de refoulement, de détournement, de déplacement, de sublimation*, etc. Le moi se constitue de la sorte comme moi social et individuel à la fois, réalisant un équilibre, une formation de compromis, entre les exigences du ça, et celles du surmoi, qui permet un contrôle et une régulation des pulsions nécessaires à la vie sociale. La « pulsion de vie » (*Eros*) et la « pulsion de mort » (*Thanatos*) trouvent des moyens de se satisfaire en empruntant des voies institutionnelles. La fonction de la civilisation et de la culture est de transmuter cette naturalité biologiquement et pulsionnellement déterminée, en nature sociale ; en nature régulée par laquelle les pulsions, en raison de leur plasticité, trouvent une voie de satisfaction compatible avec les exigences de la vie collective.

Le lien social primaire doit donc céder la place au lien social second et policé, conforme aux règles de la civilisation, conforme à la norme anthropologique, énonçant non plus ici ce qu'il en est de l'homme en tant que bête sauvage, mais ce qu'il doit en être de l'homme en tant qu'être social, apte au travail solidaire, à l'amour institutionnalisé, à la violence canalisée, à la sublimation minimale, aux déplacements indispensables, aux diversions fondamentales constitutives des rapports sociaux.

La « répression » est donc constitutive du processus même de civilisation, qui repose en grande part sur l'inculcation d'un sentiment de culpabilité abrité au sein de la moralité. En ce qui concerne cet homme en quelque sorte barbare, qu'il faut domestiquer et socialiser pour qu'enfin il devienne humain au sens moral du terme, Freud reconnaît ici qu'il emprunte à Charles Darwin sa théorie d'une telle humanité primitive, d'une telle condition humaine originaire : « En 1917, j'ai adopté l'hypothèse de Ch. Darwin, d'après laquelle la forme primitive de la société humaine aurait été représentée par une horde soumise à la domination absolue d'un mâle puissant[62]. » Pour Freud, il existe donc un homme d'avant la civilisation dont la foule nous remémore les caractéristiques. Elle nous offre l'image régressive d'une humanité primitive gouvernée par ses émotions et ses sentiments et non par la raison. L'homme premier de la société primaire est à la fois influençable et crédule, mais il éprouve aussi le sentiment de sa toute-puissance. Il est

---

[62] Freud, 1966, p. 149.

dépourvu de sens critique, pense par images et n'éprouve que des sentiments simples et exaltés.

Au-delà de son analyse de l'homme de la foule, Freud dresse le portrait de ce qu'il estime être l'homme premier d'avant la civilisation ; l'homme qu'il nomme primitif appartenant à la forme primitive de la société humaine. Les multiples exigences de la vie collective policée régie par le droit et la morale n'ont pas encore altéré véritablement et définitivement les pulsions primaires de cet animal humain. Cet homme prototypique, Freud le définit comme « ennemi virtuel de la civilisation » : « Chaque individu est virtuellement un ennemi de la civilisation qui cependant est elle-même dans l'intérêt de l'humanité en général » et plus loin : « Il faut, je pense, compter avec le fait que chez tout homme existent des tendances destructives, donc antisociales et anticulturelles[63] » et dans cet autre texte de la *Septième conférence* : « La nature humaine se plie difficilement à tout genre de communauté sociale[64]. » En l'homme civilisé subsiste toujours l'homme brut, ennemi de la contrainte exercée sur ses pulsions par la civilisation. Nous sommes ici en présence d'une théorie concernant l'humanité, analogue à celle que Freud met en place à propos du psychisme, au commencement de *Malaise dans la civilisation.* Il s'agit de la théorie de la conservation des impressions psychiques. L'état dérivé subsiste à côté de l'état primitif[65]. Au sein même de l'être social, au sein même de ce qui est devenu un animal grégaire, habite cet homme mythique originaire que Freud désigne comme un

---

[63] Freud, 1971a, pp. 9-10.

[64] Freud, 1971b, p. 240.

[65]« Dans le domaine psychique [...] la survivance de l'état primitif, à côté de l'état transformé qui en dérive, est si fréquente qu'il devient superflu de la prouver par des exemples. », Freud, 1971c, p. 11.

« animal de horde. » Cet animal de horde est soumis à la loi de la communauté la plus fruste et la plus élémentaire ; l'homme est soumis à l'autorité du chef.

Le chef, par le biais des identifications collectives focalisées sur sa personne, assure le lien social fondamental, lien primaire d'essence religieuse, puisque fondé sur une terreur sacrée et sur la vénération collective. Le lien social réside ici dans la foi partagée à l'égard des pouvoirs surnaturels d'un être transcendant la simple humanité telle qu'elle est immédiatement vécue par chacun. « Plutôt qu'un animal grégaire, l'homme est un animal de horde, c'est-à-dire un élément constitutif d'une horde conduite par un chef. » La foule donc, révèle l'homme à lui-même, dans l'exacte mesure où elle le dépouille de son humanité de surface ; elle désinhibe l'individu, en même temps qu'elle le soumet à la loi commune. « Chez les individus réunis en foule, toutes les inhibitions individuelles ont disparu, alors que les instincts cruels, brutaux, destructeurs, survivance des époques primitives, qui dorment au fond de chacun, sont éveillés et cherchent à se satisfaire[66]. » Chez l'individu intégré à une foule, les sentiments les plus contradictoires peuvent coexister sans contradiction.

En cette description, nous sommes confrontés à l'ambivalence caractéristique des structures primaires du psychisme. Le « ça » ne connaît pas la contradiction. La foule est prérationnelle et ne veut pas la vérité mais l'illusion ; c'est une définition de l'être social de l'homme dont Marcuse tirera enseignement. La cause et la conséquence de tout cela, c'est une sensibilité constitutionnelle de l'homme aux phénomènes de *suggestion et d'imitation*,

66 Freud, 1966, p. 94.

mécanismes ou données psychologiques qui fonctionnent dans le système freudien comme principes mêmes du lien social. Il s'exerce en effet au sein même du corps social primaire, au sein de la communauté élémentaire, une double suggestion : celle des individus entre eux, et celle du chef à l'égard des individus.

Il nous faut examiner ces mécanismes qui fondent à la fois le lien social et sa compréhension, mécanismes qui seront au cœur de la psychologie politique marcusienne analysant les phénomènes de domination[67]. Dans le chapitre des *Essais* intitulé *Suggestion et libido*, Freud précise que : « l'imitation tombe sous le coup de la suggestion[68] » et que nous avons tendance à imiter l'état affectif d'une personne avec laquelle nous nous trouvons en contact. La suggestion est donc un phénomène très ancien et Freud ne se contente pas de constater qu'il existe un lien social, il tente d'en faire la genèse, de rendre compte d'un avènement, en vue de juger de sa nature et de sa qualité.

Si donc la suggestibilité est une disposition psychique ancienne, il faut rechercher l'origine et le fondement d'une telle disposition nous permettant de saisir l'essence du fonctionnement politique et social. Le problème posé par Freud peut se résumer ainsi : si dans nos actions collectives, si dans notre existence sociale, nous sommes en dernière analyse toujours sous influence, cette influence elle-même, d'où provient-elle ? Le problème de

---

67 « Les méthodes de domination se sont transformées : elles sont devenues de plus en plus technologiques, productives et même profitables pour les objets de la domination ; donc, dans les secteurs les plus avancés de la société industrielle, les gens ont été attachés au système de domination et se sont réconciliés avec lui à un degré sans précédent. », Marcuse, 1963, p. 10.

68 Freud, 1966, p. 107.

l'origine première est à l'évidence insoluble : « Et plus d'une fois j'ai cité à ce propos la vieille plaisanterie : Si Saint-Christophe supportait le Christ et si le Christ supportait le monde, dis-moi : où donc Saint-Christophe a-t-il pu poser ses pieds[69] ? » Est ici posée de manière métaphorique la question de l'origine et du fondement ; c'est-à-dire la question même de la légitimité du principe, la question du bien-fondé de toute pratique d'investigation spéculative, politique, voire thérapeutique ou plus simplement critique. Quelles sont l'assise et la justification de notre droit à l'herméneutique ? Est-il en dernière analyse légitime d'« appliquer à l'explication de la psychologie collective la notion de la libido qui nous a déjà rendu de si grands services dans l'étude des psychonévroses[70] ? »

Il faudra, en conséquence de cette importation de concepts, chercher l'explication du phénomène de la suggestion du côté d'Éros, du côté des attachements affectifs qui forment précisément le fond de l'âme collective et tissent le lien social. Que la notion de libido puisse s'appliquer à la psychologie collective, « nous allons essayer de l'admettre », écrit Freud, ceci pour des raisons de fécondité de l'analyse portant sur la question de la signification des phénomènes collectifs.

L'hypothèse de la suggestion est féconde, dans la mesure où elle permet d'éclairer l'énigme du lien social, le fait que le groupement humain conserve une consistance et une durabilité, le fait que l'association se perpétue. « Il faut bien qu'elle soit maintenue par une force quelconque ; et quelle peut être cette force, si ce n'est Éros, qui assure

---

69 *Ibid.*, p. 108.

70 *Ibid.*, p. 109.

l'unité et la cohésion de tout ce qui existe dans le monde[71]? »

Cette affirmation est remarquable à un double titre. En premier lieu, parce qu'elle possède le mérite de chercher à assigner une origine au lien social, chose qui préoccupe beaucoup moins la sociologie, celle-ci se limitant plutôt à dresser le constat de son existence et de son épaisseur historique, le référant à la morale et à la religion, en tant que systèmes de valeurs devenus, mais ne s'intéressant pas aux conditions de possibilité anthropologiques de son existence. En second lieu, parce que cette affirmation de Freud possède à première vue un caractère, sinon métaphysique, du moins mythique très marqué ; ce qui est peut-être le tribut à payer aux investigations portant sur les principes ultimes. Freud met en effet en place un principe explicatif universel à propos duquel il est bien légitime de se demander s'il appartient au domaine strictement scientifique ou s'il relève plus fondamentalement d'un registre tout simplement métaphysique, voire même théologique, puisqu'instituant un panthéisme d'*Éros*.

Une remarque analogue peut être invoquée en ce qui concerne la philosophie de Marcuse exposée dans *Eros et civilisation.* Mais peut-être ma critique n'est-elle pas véritablement justifiée, dans la mesure où, en réalité, il ne s'agirait pas pour Freud de mettre en évidence en *Eros*, une origine, mais bien plutôt une force conçue comme fiction scientifiquement utile. Freud construirait ici un modèle heuristique et descriptif destiné à être confronté à l'empiricité des faits. Toute explication, dans la mesure où elle porte sur le pourquoi et non plus sur le comment, engendre un élargissement spéculatif comportant un risque

---

[71] *Ibid.*, p. 111.

de dérive métaphysique, ou pour mieux dire, théologique. Il est d'ailleurs remarquable qu'en ce qui concerne *Eros*, Freud - tout comme le fera Marcuse - se réfère explicitement à Platon, ainsi qu'au christianisme : « Et cependant, en “élargissant” la conception de l'amour, la psychanalyse n'a rien créé de nouveau. L'*Eros* de Platon présente quant à ses origines, à ses manifestations et à ses rapports avec l'amour sexuel, une analogie complète avec l'énergie amoureuse, avec la libido de la psychanalyse, et lorsque, dans sa fameuse Épître aux Corinthiens, l'apôtre Paul vante l'amour et le met au-dessus de tout le reste, il le conçoit sans doute dans ce même sens “élargi[72]”. » Il s'agit une fois encore de la même question : celle de la légitime extension de la puissance explicative de la libido à l'explication des phénomènes sociaux et politiques.

Une telle explication se teinte parfois chez Freud de colorations mythiques et donc cosmiques et eschatologiques. Dans les dernières lignes de *Malaise dans la civilisation*, il évoque et invoque deux puissances célestes en lutte éternelle, qui tentent de s'approprier le monde : *Eros* et *Thanatos*. « Et maintenant, il y a lieu d'attendre que l'autre des deux « puissances célestes », l'*Eros* éternel, tente un effort afin de s'affirmer dans la lutte qu'il mène contre son adversaire non moins immortel[73]. »

En conséquence, nous pouvons, comme Freud nous invite à le faire, estimer que l'essence du lien social consiste dans les liens libidinaux qui se tissent entre les individus, auquel cas l'investigation politique marcusienne devra logiquement prendre en considération ces données

---

72 *Ibid.*, p. 110.

73 Freud, 1971c, p. 107.

psychologiques fondamentales. L'amour, ou pour mieux dire *Éros*, qui est posé comme catégorie descriptive du lien social, est de plus à comprendre comme placé sous le signe de l'ambivalence. L'amour doit être conçu comme cointensif à la haine, conception de la psychologie des foules à mettre en relation directe avec le schéma prototypique de l'Œdipe dont Freud nous dit toute l'universalité et la complète prégnance dans ces lignes surprenantes de *Totem et tabou* : « On retrouve dans le complexe d'Œdipe les commencements à la fois de la religion, de la morale, de la société et de l'art[74]. » Le complexe d'Œdipe fonctionne donc comme schème explicatif, comme nexus d'une impressionnante série de phénomènes, aussi bien individuels que collectifs. Cet amour (des membres de la collectivité à l'égard du chef-père et des membres de la communauté entre eux), possède des vertus civilisatrices. L'amour est civilisateur et renforce la cohésion sociale : « Dans le développement de l'humanité, comme dans celui de l'individu, c'est l'amour qui s'est révélé le principal, sinon le seul facteur de civilisation, en déterminant le passage de l'égoïsme à l'altruisme[75]. » L'amour est religieux. Autour de l'amour gravite donc la question de l'imitation et de la suggestion, qui se résout dans la théorie de l'identification, clef ultime pour saisir la nature véritable du lien social, sa nature véritablement religieuse.

Ici, l'explication, n'est plus de l'ordre du mythe à usage heuristique, comme c'était le cas précédemment lorsqu'il était fait référence à l'universalité abstraite d'*Eros* ; il s'agit bien plutôt de révéler les racines psychologiques, anthropologiques et sociologiques du lien social. C'est alors « l'identification » qui est posée comme

---

74 Freud, 1971d, p. 179.

75 Freud, 1966, p. 124.

étant au fondement même de l'association humaine, assurant sa cohésion et sa cohérence.

Le phénomène de l'identification se révèle être la forme la plus primitive de l'attachement affectif. Freud nous rappelle à ce propos que Dora imite la toux du père. Il précise un point capital pour expliquer les formations sociales : l'on ne s'identifie pas par sympathie, mais au contraire, c'est l'identification qui doit être reconnue comme première, et c'est elle qui fonde la sympathie[76]. C'est ainsi que se tisse par identifications réciproques la trame même du lien social. Mais « nous avons laissé intacte une partie de l'énigme que présentent les formations collectives[77]. »

Il s'agit donc, si nous résumons les termes de la problématique constitutive de cette théorie sociale, de manifester une filière qui, partant de « l'identification », et

---

[76] « La sympathie naît seulement de l'identification » ; plus loin, Freud produit la genèse du processus d'identification qui va permettre d'éclairer le lien social : « premièrement, l'identification constitue la forme la plus primitive de l'attachement affectif à un objet ; deuxièmement, à la suite d'une transformation régressive, elle prend la place d'un attachement libidinal à un objet, et cela par une sorte d'introduction de l'objet dans le moi ; troisièmement, l'identification peut avoir lieu chaque fois qu'une personne se découvre un trait qui lui est commun avec une autre personne, sans que celle-ci soit pour elle un objet de désirs libidineux. [...] Nous entrevoyons déjà que l'attachement réciproque qui existe entre les individus composant une foule doit résulter d'une identification pareille, fondée sur une communauté affective. » *Ibid.*, p. 130.

[77] « Il faudrait, pour épuiser le sujet, se livrer à une analyse psychologique beaucoup plus profonde et compréhensive. En partant de l'identification et en suivant une certaine direction, on aboutit, à travers l'imitation, à l'*Einfühlung*, c'est-à-dire à la compréhension du mécanisme qui permet, en général, d'adopter une attitude déterminée à l'égard d'une autre vie psychique. [...] L'étude de ces identifications, telles qu'elles sont, par exemple, à la base de la communauté formée par le clan, a révélé à Robertson Smith ce résultat surprenant qu'elles reposent sur la reconnaissance d'une commune substance. (*Kinship and Marriage*, 1885) », *Ibid.*, pp. 132-133.

mettant en jeu la question de la « suggestion », aboutit, à travers « l'imitation », à « l'*Einfühlung.* » Ce concept occupe une bonne part de l'analyse freudienne, en particulier dans le chapitre des *Essais* consacré à l'identification ; il est analysé comme suit : « Nous nous trouvons en présence du processus connu en psychologie sous le nom de *Einfühlung* (assimilation des sentiments d'autrui) et qui joue un très grand rôle, grâce aux possibilités qu'il nous ouvre de pénétrer l'âme de personnes étrangères à notre moi.[78] » C'est un concept central dans la théorie freudienne, qui nous permet de comprendre la constitution et la nature du lien social. Ce problème est de plus, intimement uni à la question de la compassion, débattue par Rousseau (autre auteur de référence de Marcuse, mais peu signalé comme tel) et considérée par lui comme fondatrice de toute communauté humaine. La compassion à elle seule peut dans une certaine mesure nous permettre de rendre compte de la sociabilité. Cette notion de compassion est elle-même à référer à l'antique notion stoïcienne de *sympathéia*, qui fonde l'idée même de genre humain, rendant pour la première fois possible dans l'histoire, ce qui se saisit dès lors comme humanité.

Le stoïcisme, le premier, procure une place à la liberté humaine intérieure, et rend possible l'image d'une communauté conçue comme association d'individualités. Le christianisme prendra le relais de cette tradition, instituant le règne de la personne, et sa prévalence sur le citoyen. Dès lors se pose la question du lien entre toutes ces individualités, question qui n'a cessé d'agiter la pensée sociologique, confrontée précisément à la dissolution de celui-ci, à l'occasion de la rupture instaurée par la

---

78 *Ibid.*, p. 130.

Révolution française dans l'ancienne communauté médiévale.

L'on est dès lors obligé de dresser un constat de grégarité ; et la question se pose de savoir si l'on doit reconnaître à l'instinct grégaire un statut de principe, comme l'affirmait Trotter, ou bien un statut de phénomène dérivé. Freud récuse l'affirmation selon laquelle l'instinct grégaire serait indécomposable. Dans cette perspective, il n'existe pas une sociabilité naturelle de l'homme, mais bien plutôt - comme chez Rousseau - une disposition naturelle à devenir sociable. La grégarité n'est pas un instinct au sens strict, mais bien plutôt un sentiment résultant d'un apprentissage progressif ; ce qui est tout de même de la part de Freud une prise de position importante au sujet de la priorité de l'institution sociale sur la nature humaine brute, puisque la société est toujours déjà là comme donnée première, devenue en quelque sorte nature humaine fondamentale. La « nursery » précède l'enfant et l'accueille en son sein. Le fait social précède l'individualité et l'éclosion du sentiment corrélatif ; la conscience individuelle se révèle toujours déjà inscrite dans la sphère collective. « L'enfant reste longtemps dépourvu de l'instinct grégaire ou du sentiment collectif. Cet instinct et ce sentiment ne se forment que peu à peu dans la "nursery[79]". »

Pour conclure cette question psychanalytique du lien social, remarquons que cette grégarisation du vécu humain finit par engendrer une intériorité, et l'existence des sentiments correspondants. L'être humain est dès l'enfance en voie de socialisation. Tous les individus se reconnaîtront comme semblables et « nous devons en

---

[79] *Ibid.*, p. 145.

conclure que la psychologie collective est la plus ancienne psychologie humaine[80]. »

Ces concepts psychanalytiques permettront à Marcuse d'élaborer une théorie de la *domination psycho-politique et techno-politique*, une théorie de *l'illusion*, de *l'aliénation, de la croyance* et de la *fausse conscience* reposant sur la mise en œuvre par les instances de pouvoir - qui ne sont pas des personnes mais des structures dont les personnes sont les instruments - d'une technique de contrôle éthique et politique efficace, génératrice de puissants mécanismes d'*auto-contrainte,* d'*auto-persuasion* et d'*auto-illusion* opérant chez les membres d'une collectivité ayant *introjecté* de longue date des impératifs de perception de pensée et d'action.

La psychanalyse est le bon outil pour comprendre la nature de cette imposition sociale et politique mettant en jeu des *techniques de suggestion* et d'*identification.* Il faut sur cette question se souvenir des divers mécanismes psychiques analysés par Freud dans leur composante sociale : *idéalisation, identification, sympathie, répétition, régression, réalisation, dramatisation, imitation, contagion émotionnelle, culpabilisation, refoulement, compensation, déplacement, déni, substitution, sublimation, répression, régression, décompensation satisfaction,* mécanismes indissociablement individuels et collectifs, psychologiques et politiques.

---

80 *Ibid.*, p. 150.

4. Le freudo-marxisme anti-révisionniste de Marcuse Une psychologie-politique de la Libération

Cette approche marcusienne du social et du politique, met donc à contribution, outre la pensée du jeune Marx, la théorie freudienne des pulsions et de l'appareil psychique, en ce qu'elle est susceptible d'expliquer en quoi l'individuel relève du collectif, et en quoi la psychologie individuelle est en même temps une psychologie sociale. C'est là un point essentiel de l'épistémologie marcusienne, qui lui permet de mettre en étroite relation la sphère de l'intériorité : celle des pulsions, et la sphère de l'extériorité : celle du politique ; ce qui autorise la mise en évidence des mécanismes de la domination et de la répression des pulsions, en montrant comment s'intériorisent les contraintes, et comment se construit l'auto-contrainte. En effet, dans la deuxième partie des *Essais de psychanalyse*, Freud traite de la psychologie collective et de l'analyse du moi. Il y examine, comme déjà signalé, les mécanismes du fonctionnement social et procède à l'analyse critique d'un certain nombre d'institutions ainsi que d'attitudes et dispositions mentales. Il y est successivement question de l'âme collective, de l'église et de l'armée, mais aussi de l'état amoureux et de l'hypnose.

Ce chapitre II des *Essais* commence par une récusation de l'opposition jusqu'alors en quelque sorte « tabou » entre psychologie individuelle et psychologie sociale que Marcuse va mettre à contribution : « L'opposition entre la psychologie individuelle et la psychologie sociale ou collective, qui peut à première vue paraître très profonde, perd de son acuité lorsqu'on l'examine de plus près[81]. »

---

[81] *Ibid.*, p. 83.

Par cette récusation de l'opposition entre l'individuel et le collectif, entre le psychologique et le politique[82], se fonde l'originalité de l'analyse marcusienne, à savoir la dimension sociale, historique et devenue de la psyché individuelle, mais aussi ce que nous serions tentés de nommer « l'application » de la psychanalyse à la connaissance des phénomènes sociaux. C'est là un exercice très intéressant dans la mesure où un tel usage de la psychanalyse est directement lié à l'adoption d'une perspective critique sur la société, sur la culture et sa dimension répressive. Mais Marcuse travaille en amont même de l'“application”, précisant : « Il n'est pas nécessaire d'“appliquer” les catégories psychanalytiques aux rapports sociaux ou politiques, car elles sont en tant que telles des catégories sociales et politiques. Il fut possible à la psychanalyse de devenir un instrument social et politique efficace, tant positif que négatif, avec une fonction administrative ou critique, parce que Freud avait découvert, dans la région profonde des instincts[83] et des satisfactions instinctives, les mécanismes du contrôle social et politique[84]. »

Il ne s'agit donc plus seulement par cette convocation de la psychanalyse sur la scène de la critique politique et sociale effectuée par Marcuse, uniquement de *comprendre* des mécanismes de fonctionnement, tels que l'introjection

---

82 « Dans la période contemporaine, les catégories psychologiques deviennent des catégories politiques dans la mesure où la psyché privée, individuelle devient le réceptacle plus ou moins consentant d'aspirations, de sentiments, de tendances et de satisfactions socialement désirables et socialement nécessaires. », Marcuse, 1963, p. 11.

83 « Le terme *instinct* conformément à la notion freudienne de *Trieb* se réfère aux pulsions primaires de l'organisme humain qui sont soumises à des modifications *historiques*. Ces pulsions s'expriment aussi bien de façon psychique que somatique. », Marcuse, 1963, p. 19.

84 Marcuse, 1970, pp. 249-250.

des contrôles[85], mais également de *juger* la réalité, de se prononcer sur la valeur de tels mécanismes. Il convient de mettre en place une évaluation qui réfère les normes décrétées de la vie collective (égalité, justice, solidarité, convivialité, bonheur) à leurs propres finalités internes non advenues à ce jour, puisque ce qui règne dans les sociétés industrielles avancées, c'est l'injustice, l'inégalité, la concurrence totale. Les normes sont confrontées par la théorie critique[86] à leur non-accomplissement, à leur propre insuffisance, à leur inachèvement intrinsèque.

Le problème majeur lié à cette introjection des contrôles vient de ce que *les individus aliénés s'accomplissent dans le conformisme de cette aliénation inaperçue d'eux-mêmes.* L'idéologie s'est repliée sur la réalité et ne se montre plus, et en ceci consiste l'unidimensionnalité « favorisée par les faiseurs de politique. » La bidimensionnalité inhérente au discours philosophique, distinguant réalité et apparence, vérité et mensonge, vrai et faux bonheur, vraie et fausse justice, vraie et fausse démocratie[87], s'oppose à cette

---

85 « Triomphe et fin de l'introjection : le stade où les individus ne peuvent plus rejeter le système de domination sans se rejeter eux-mêmes, sans rejeter le caractère répressif de leurs valeurs et de leurs besoins instinctuels. [...] L'adaptation profonde, *organique*, de l'individu à une société atroce mais rentable, c'est là ce qui limite la possibilité de susciter l'évolution par le seul moyen de la persuasion démocratique. », Marcuse, 1969, p. 30.

86 « La théorie critique (nous entendons ici par *théorie critique* la théorie de la société telle qu'elle fut exposée dans les essais théoriques de *Zeitschrift für Sozialforschung* en référence à la philosophie dialectique et à la critique de l'économie politique) pose la question de la vérité et de l'universalité du bonheur en explicitant les concepts par lesquels elle tente de déterminer la forme la plus rationnelle de la société. », Marcuse, p. 194.

87 « Dans cette situation, travailler à l'amélioration de la démocratie existante revient manifestement à reporter indéfiniment la date où pourra enfin apparaître une société libre. [...] La démocratie de masse, telle que l'a développée le capitalisme des monopoles, a engendré des droits et des libertés

unidimensionnalité construite de la réalité. C'est par la vertu du *Logos apophantique*[88] que de telles discriminations entre vérité et fausseté, entre réalité et illusion sont possibles, et ce en raison de la présence *ontologique* du concept de vérité au centre de la logique, en raison de la présence dans l'intellect du sens de la vérité (le *noüs* aristotélicien comme connaissance intuitive - donc non discursive - comme faculté de saisir sans médiation l'évidence les vérités premières.)

Une telle validité de l'usage socio-politique critique des catégories psychanalytiques se fonde encore une fois sur la non-opposition entre l'individuel et le collectif, sur l'inclusion de l'individu dans la société et l'inclusion de la société en l'individu. « Dans son essai *La psychologie des masses et l'analyse du moi*, la psychanalyse franchit le pas nécessaire de la psychologie individuelle à la psychologie collective, à l'analyse de l'individu comme chaînon dans la masse, de la psyché individuelle comme psyché

---

qui sont conformes aux intérêts capitalistes ; la majorité n'est qu'une majorité de domination. [...] Dans une telle situation, travailler conformément aux règles et aux méthodes de la légalité démocratique revient à capituler devant la structure de pouvoir existante. Et cependant, il serait fatal de renoncer à la défense des droits civils et des libertés à l'intérieur du cadre établi. [...] Le combat pour la défense de la démocratie se heurtera de plus en plus aux institutions démocratiques existantes, aux obstacles qui sont inscrits en elles, à leur dynamique conservatrice. », Marcuse, 1969, pp. 87-88-89.

« Mais il se trouve que cette démocratie n'existe pas, et qu'en fait le gouvernement est exercé par un système de groupes de pression, d'*appareils*, d'intérêts établis, système représenté par des intérêts démocratiques qui ne sont rien d'autre que l'objet et le moyen de ses agissements. Ces institutions ne sont pas l'œuvre d'un peuple souverain ; la représentation ne représente rien, sinon une volonté que les minorités dirigeantes ont fabriquée de toutes pièces. », *Ibid.*, p. 95.

88 « Aristote utilise le terme de *Logos apophantique* pour caractériser une forme spécifique de *Logos* (le langage, la communication), celle qui découvre le vrai et le faux et qui est déterminée, au cours de son développement, par la différence entre le vrai et le faux. », Marcuse, 1968b, p. 154.

collective, un pas nécessaire, parce que la théorie freudienne avait trouvé dès le début l'universel dans le particulier, et le malheur universel dans le malheur individuel. L'analyse du moi se transforme en une analyse politique, où les individus se lient pour constituer des masses, et où l'idéal du moi, la conscience et la responsabilité ont été "extraits", arrachés au domaine de la psychê individuelle et incarnés dans un agent extérieur[89]. »

La fin de cette opposition possède un caractère subversif très net, puisque ce qui se joue ici, c'est bien la dissolution du sujet récusé dans sa dimension métaphysique, la destitution de la conscience de sa position de plein pouvoir, le replacement du vouloir hors de la sphère de la maîtrise immédiate par le sujet, et le replacement du sujet dans la sphère d'influence de la société. L'origine de la vie collective n'est plus pensable dans les termes fictifs posés par la tradition : liberté individuelle, bonheur individuel, consentement à l'ordre établi[90]. Ce qui confère sens à l'existant social ne peut plus être recherché dans les instances traditionnellement convoquées : homme en tant que sujet libre, ou en tant que volonté abstraite, exerçant sa pleine puissance sur le monde et sur les hommes. Marcuse entérine donc la présence du collectif dans l'âme individuelle et fait aussi intervenir les mécanismes individuels dans la compréhension des phénomènes collectifs.

---

89 *Ibid.*, p. 254.

90 « les valeurs établies sont assumées comme leurs par les individus, l'adaptation devient spontanée, autonome, et la possibilité de choisir entre plusieurs nécessités sociales apparaît comme la figure même de la liberté. », Marcuse, 1969, p. 24.

Il convient donc de noter l'être collectif de l'inconscient individuel, et surtout son être politique, l'être politique des opinions certes, mais plus profondément l'être politique des émotions et des sentiments, des aversions et des adorations. Il n'est aucun inconscient qui transcende les individus puisqu'ils sont déjà de toute manière investis précocement par le caractère collectif de la vie sociale. Je rappelle cette affirmation de Marcuse : « C'est ainsi que la socialisation (*Vergesellschaftung*) première de l'individu est l'œuvre de la famille et, quel que soit le degré d'autonomie que l'enfant peut atteindre, son moi commence par se développer dans la sphère du privé : il devient un soi-même en même temps que l'autre, mais aussi en s'y opposant. L'"individu" lui-même est un processus vivant de médiation, où toutes les formes de subordination et de liberté sont intériorisées et deviennent le comportement même de l'individu. [...] La société agit directement sur le moi en train de se constituer par les mass media, les groupements scolaires et sportifs, les bandes de jeunes, etc.[91]. »

La psychanalyse ainsi repositionnée par Marcuse dans l'horizon de la critique sociale, surgit dès lors comme instrument de combat idéologique au service d'un idéal de libération, et non plus comme un instrument d'adaptation sociale à la sur-répression imposée aux membres de la société capitaliste avancée. Conjointe à l'analyse des processus économico-politiques de domination des masses, elle permet de dévoiler l'artifice des rapports sociaux. Elle autorise la constitution d'une herméneutique de la culture de masse de la société close, qui prédétermine les désirs et leurs modes de satisfaction, confortant l'ordre économique et social en cours. Par

---

91 *Ibid.*, p. 251-252.

l'effet de l'interprétation psychanalytique démasquant les mécanismes de l'auto-illusion induite en chaque sujet, peuvent s'opérer une démystification et une dénonciation de la nature perverse d'un certain lien social.

Se trouve de la sorte engagée, par la position de l'homogénéité des processus régissant l'âme individuelle et l'âme collective, une dynamique des affectivités saisies dans leur composante collective. L'analyse de l'âme individuelle nous révélera donc ce dont elle est porteuse, le lien politique lui-même, et inversement, toute analyse du politique rencontrera sur son chemin la psyché individuelle en tant qu'elle est associée aux autres et occupée par les autres sous l'effet de ce processus fondamental et quasi religieux de l'identification. Le sujet social est à la fois dissous comme sujet par la société capitaliste et par le groupe dans lequel il est inscrit, mais il est aussi constitué comme sujet fantasmatique par cette même foule, qui le transcende et le légitime tout à la fois.

5. Les assises ontologiques de la théorie de la Libération La loi naturelle et le droit naturel

Pour les penseurs de l'École de Francfort, et particulièrement pour Marcuse[92], la communauté parfaite, la bonne société, ce n'est pas ce à quoi la Révolution française a mis fin, c'est à l'inverse ce qu'il reste encore à constituer, ce qu'il faut mettre en place à l'issue d'une critique et d'une réforme sociale radicales présupposant une réforme de « l'infrastructure de l'humain ». Il faut

---

92 « En ce qui concerne ma position théorique, j'en suis redevable à mon ami Max Horkheimer et à ses collaborateurs de l'Institut de Recherches Sociales, actuellement à Francfort. », Marcuse, 1963, p. 14.

convenir d'un communautaire satisfaisant, d'une vie bonne, qui convienne à la nature authentique de l'homme.

Mais quelle est cette référence ultime qui permet ici de trancher entre la bonne et la mauvaise association ? Quel est ce *criterium absolutum* légitimant de toute *praxis*, de toute juste organisation politique ? Cet absolu, c'est la Nature comme principe, en laquelle est incluse une autre nature : la nature de l'homme. C'est Rousseau qui va fournir le modèle de cet argumentaire ontologico-politique révélant - dans la droite ligne de La Boétie[93] et dans celle, plus ancienne du stoïcisme antique[94]- la Nature comme principe générateur de norme, garante de la liberté et de l'égalité des hommes. Marx prendra la suite de Rousseau. C'est donc au nom de la Nature - plus ou moins encore « agent de Dieu » - que seront décrétés inaliénables les Droits *naturels* de l'homme, reconnus par la Raison, commune à tout le genre humain. La contestation marcusienne de l'état existant s'enracine ce faisant dans

---

93 « Mais ce qu'il y a de clair et d'évident pour tous, et que personne ne saurait nier, c'est que la Nature, premier agent de Dieu, bienfaitrice des hommes, nous a tous créés de même et coulés, en quelque sorte au même moule, pour nous montrer que nous sommes tous égaux, ou plutôt tous frères. [...] Que dire encore ? Que la liberté est naturelle, et, qu'à mon avis, non seulement nous naissons avec notre liberté, mais aussi avec la volonté de la défendre », La Boétie, 2002, pp. 19-20.

94 « On ne peut trouver un autre principe de la justice, disait Chrysippe, que Jupiter ou la Nature première et universelle. Et l'on ne doit pas dire seulement avec Orphée que la justice est assise à la droite de Jupiter : il est lui-même le droit et le juste ; il est la plus antique comme la plus parfaite des lois. [...] Il n'y a qu'un seul droit, comme il n'y a qu'une Raison universelle, à laquelle tous les êtres intelligents participent. [...] Or tous les hommes possèdent la Raison qui est une dans son principe ; donc tous les hommes sont capables de la loi et de la même loi. », Denis, 1856, pp. 343-344.

L'on voit ici en quelle *filiation jusnaturaliste* intégrant Antiquité, Renaissance et Siècle des Lumières, s'enracine profondément la pensée éthico-politique de Marcuse, et pourquoi elle s'accomplit dans la posture libertaire, contestataire d'un droit positif qui viole le droit naturel et offense la Raison.

l'idéal humaniste de libération des servitudes. « Ce combat est un écho lointain de l'idéal de l'humanisme et de l'*humanitas* ; c'est la lutte pour l'existence, la lutte pour exister non plus comme maîtres ou comme esclaves, mais comme des hommes et des femmes[95]. »

Notons au passage la mise à distance discrète de la dialectique hégélienne du maître et de l'esclave, et de la lutte à mort pour la reconnaissance qui en est l'enjeu. Le cadre anthropologico-politique mis en place par Marcuse est rousseauiste, beaucoup plus pacifique donc que celui de Hobbes, de Hegel, et de Freud. Ce dernier, estimant que la violence est inaugurale de la vie sociale, se situe sur le versant éthico-politique hobbien de « l'état de guerre », et non pas rousseauiste de « l'état sauvage » qui est un état pacifique précédent « l'état barbare ». L'enjeu pour Marcuse n'est plus la domination mais la convivialité, la solidarité et la coopération des humains.

Freud est convoqué sur cette scène anthropologico-politique marcusienne. Il n'est pourtant nullement rousseauiste, comme je viens de le dire, mais bien plutôt adepte de Hobbes et de sa conception agressive de la nature humaine. Contrairement à Marx, invoqué lui aussi par Marcuse, Freud n'incline pas à la restauration ou à la reconstruction d'un bienheureux état initial pacifique gouverné par la Loi naturelle. Cet état initial qu'il décrit dans *Totem et tabou*, il le pense, à l'inverse, gouverné par l'affrontement et la discorde. En conséquence, Freud s'oppose très fermement à l'anthropologie marxiste, considérant l'idée d'une société communiste totalement irréaliste et idéaliste. « Les communistes croient avoir découvert la voie de la délivrance du mal. [...]. La critique

---

[95] Marcuse, 1969, p. 73.

économique du système communiste n'est point mon affaire. [...] En ce qui concerne son postulat psychologique, je me crois toutefois autorisé à y reconnaître une illusion sans consistance aucune[96]. » Il pose en résumé la thèse d'une pulsion agressive native et indépassable de l'homme, quelle que soit la forme de l'organisation sociale. Le droit n'est pour lui que la contention de la loi du plus fort, qui est la seule loi naturelle.

En dépit de son opposition à Marx, Freud est toutefois convoqué par Marcuse - non pas pour sa vision politique - mais en tant qu'il produit une théorie du fonctionnement de l'appareil psychique, une théorie de l'inconscient et de l'illusion, non seulement individuelle, mais collective. La théorie de l'inconscient chez Freud et celle de l'idéologie chez Marx garantissent (si elles sont intériorisées) que l'on ne succombera pas à une vision naturaliste immédiate du lien politique, mais que l'on aura au contraire toujours conscience du caractère devenu, historique et génétique, donc éminemment ambigu et suspect de ce fameux lien, qui restera à interpréter pour mettre en évidence la norme juste de la convivialité en deçà des fausses normes de la concurrence et de la compétition généralisée caractéristiques du capitalisme. La tradition, l'existant, ne sont pas nécessairement la norme. Il est d'autres normes possibles et surtout plus souhaitables que les normes existantes ; et comme le remarque Rousseau : « il faut savoir ce qui doit être pour bien juger de ce qui est ». Il ne faut pas pour autant se laisser *a priori* séduire par le charme du devoir-être, au prix d'une désertion de l'investigation portant sur ce qui est. La psychologie politique et la philosophie critique doivent en priorité

[96] Freud, 1971c, pp. 66-67.

s'attacher à mettre en évidence la logique du social tel qu'il est, tout en sachant ce qu'il devrait en être.

Pour détruire la prison idéologique fondée sur la doctrine *naturaliste* du politique, il faut donc penser ce lien politique comme étant de nature *contractualiste*. Ce paradigme est potentiellement révolutionnaire, s'étayant sur une philosophie détentrice de l'idée pure (de l'égalité, de la justice, du vrai, etc.), et non pas en ceci déconnectée de la réalité, mais à l'inverse, pour cette même raison, lucide et située hors détermination. La philosophie critique est régulatrice - en raison de l'abstraction même, en raison de l'idée pure qu'elle connaît - des déterminismes et des dégradations de la pureté en cours, et se trouve en possession d'une puissance normative de ces mêmes rapports sociaux. En raison de sa position universaliste, elle met en avant les libertés fondamentales bafouées par la société économique existante, et l'inégalité régnant entre les personnes vivant dans les sociétés libérales avancées.

Cette posture marcusienne en grande part *contractualiste* en ce qu'elle dénonce le *naturalisme* social au nom d'un vrai contrat trahi et à restaurer, et en ce qu'elle reproche à la société existante de ne pas respecter le *pacte implicite fondamental* de liberté et d'égalité, est manifestement inspirée de Rousseau, lequel associe de manière neuve pour son temps, le conventionnalisme du contrat et le naturalisme de la loi, par le recours à *la loi naturelle* fondant *le droit naturel* et les *Droits de l'homme*.

L'esprit jusnaturaliste, remontant comme je l'ai brièvement indiqué aux stoïciens, est ici bien actif et fonde la contestation politique. Rousseau fait partie de « tous les maîtres qui ont développé les grandes valeurs de la civilisation occidentale. Par exemple, la primauté du droit naturel sur le droit établi, le droit inaliénable de la résistance contre la tyrannie et contre toute autorité illégitime[97] ». Rousseau en sa conception de la *Natura mater* est habité par la philosophie antique stoïcienne, mais aussi platonicienne, centrée sur le réalisme des idées, bien plus que par l'aristotélisme, qui est attentif, de manière plus moderne, à l'expérience. Platon est donc bien présent lui aussi dans la philosophie de Marcuse. La théorie du plaisir dans le *Philèbe* et celle de sa compatibilité avec un régime politique dans le *Gorgias* de Platon, sont de la part de Marcuse, objets d'une analyse détaillée dans sa *Contribution à la critique de l'hédonisme* de 1938. Signalons également l'attention portée à la théorie des idées, ainsi qu'à l'allégorie de la caverne développée dans *La République* livre VII.

Le vrai contrat, qui n'a rien d'empirique ou d'expérimental, qui est donc une *idée régulatrice*, n'est ni économique, ni marchand, mais politique. En tant que tel, il est expression de la Volonté générale - qui transcende la volonté de tous en son universalité porteuse de l'intérêt général - et se pose comme restaurateur, dans le droit positif, de cette loi naturelle toujours voulue par la Volonté générale. Marcuse hérite à l'évidence de cette tradition rousseauiste des droits naturels - que je nommerai *contractualisme naturaliste* - par le canal de la philosophie allemande dont il est nourri, entre autres Hegel, à qui il consacre sa thèse donnant lieu à son ouvrage *L'ontologie de Hegel et sa théorie de l'historicité*, paru en 1932. Le rôle de la Raison dans l'histoire y tient une grande place (Marcuse la relativisera toutefois grandement en montrant ses dérives étatistes). Hegel, on le

---

[97] Marcuse, *« Soyez réalistes, demandez l'impossible »*, Un entretien de *L'Express*, septembre 1968.

sait, fut un fervent défenseur de la théorie du droit naturel et de la Raison législatrice, dont Rousseau était l'illustre représentant. Marcuse connaît aussi parfaitement Kant, défenseur des Lumières, lui aussi lecteur et admirateur de Rousseau et de sa morale.

Précisons que le contrat social a pour Rousseau mission de restaurer la nature perdue du lien primordial, maintenant dégradé en faux lien social à assise essentiellement économique et marchande. Le vrai contrat doit reconstruire ce lien premier, qui n'était pas encore perverti, pas encore dégradé, dans cet *état sauvage* qui au sortir de *l'état de nature*, fut le meilleur à l'homme. Mais bientôt, *l'état barbare* (correspondant à l'état de nature de Hobbes, état de guerre de tous contre tous), lui succéda. C'est lui qui, dans l'évolution du genre humain, pervertit durablement *l'état sauvage* et sa situation de bonheur collectif. À la sortie de *l'état de nature* (fiction régulatrice d'une nature pré-sociale et pré-politique), l'humanité connut donc selon *l'anthropologie imaginaire* mais fondatrice, inventée par Rousseau, une situation heureuse, qui irrigua durablement la pensée politique révolutionnaire et libertaire, y compris les théories utopistes. Rousseau ambitionna donc - par l'artifice de la Loi - de rétablir l'homme dans ses droits originaires et naturels, dans son authenticité perdue. Le vrai contrat restitue la nature, non pas la nature de *l'état de nature*, comme on le soutient souvent à tort, mais la nature heureuse de *l'état sauvage*. Marcuse se situe dans ce courant politique accordant une importance centrale au contrat tacite, à ce consentement à former société, qui constitue le transcendantal de toute organisation politique juste. Claude Lévi-Strauss, lui aussi admirateur de Rousseau, défendait les mêmes conceptions que Marcuse : « C'est ce que semblent impliquer les théories du contrat social, qui tiennent la société civile pour dissoute lorsque, dans sa forme effective, elle ne remplit plus les fonctions pour lesquelles on l'avait instituée[98]. »

Cette vision *utopique* de la bonne société à instituer, subversive au regard de la société existante, entreprise consistant en la restauration de l'humanité heureuse, nourrit la pensée de Marcuse et sa *théorie anthropologique de la Libération* ; à cette différence fondamentale près, que Marcuse abandonne en chemin Rousseau ainsi que Hegel. Il diverge sur un point capital, qui précisément marque à mon sens sa position libertaire : à savoir qu'il récuse la toute-puissance de l'État et de la Loi qu'il ne pose pas - comme Hegel le fait à la suite de Rousseau - en incarnation absolue de la Raison.

La philosophie sociale de Marcuse n'est en rien étatiste - compte tenu du spectre du totalitarisme qui hante tout État comme sa tentation et sa dérive potentielle - mais bien plutôt autogestionnaire et solidariste[99]. Il reprend certes à son compte la formule hobbienne de « l'état de nature » comme « état de guerre », mais non pas pour désigner un état dépassé de l'organisation collective pré-

---

[98] Marcuse, 1969, p. 91.

[99] « Tout comme le concept de *masse*, ceux d'*autogestion* et de *solidarité* demeurent abstraits et réifiés s'ils ne sont pas concrétisés par référence à la constellation sociale créée par le capitalisme avancé. L'*autogestion* ne devient un mode révolutionnaire d'organisation que lorsque ceux qui l'exercent sont eux-mêmes révolutionnaires, c'est-à-dire lorsque leurs besoins et leur conscience intègrent des éléments qui transcendent le système ; sinon, les communautés autogérées ne sont guère plus que des expérimentations dans le cadre de l'état de choses existant, des moments de pseudo-démocratisation, et non un *saut qualitatif* au socialisme. La solidarité ne peut devenir révolutionnaire que si, avant toute organisation et articulation d'ailleurs nécessaires, elle se fonde sur une conscience et une structure pulsionnelle, qui commande le *saut qualitatif.* […] Une telle conscience et une telle structure pulsionnelle ont montré en 1968 leur force politique. », Marcuse, 1976, p. 91.

contractuelle et donc pré-politique, mais tout à l'inverse pour décrire *l'état politique actuel*, retrouvant en ceci Rousseau, qui aspire en son temps à l'établissement du « vrai contrat », seul garant de la liberté des citoyens et de l'annulation de la violence. Le pacte social doit faire cesser « l'état de guerre » de tous contre tous, caractérisant pour Rousseau, non pas « l'état de nature » (comme chez Hobbes) mais « l'état barbare », qui est selon lui un état social caractérisé par la violence généralisée et par l'absence de toute régulation politique. Selon Marcuse nous vivons dans une telle société barbare, dans un état de nature hobbien de nouvelle sorte, dans une barbarie civilisée, aux antipodes de l'état de nature rousseauiste. « Tant que l'histoire de l'humanité conserve cette forme antagonique, on se trouve dans "un état de nature" raffiné, dans un *bellum omnium contra omnes* civilisé, où le bonheur de certains est inséparable de la souffrance des autres[100]. »

Marcuse évoque alors la Première Internationale comme « tentative de réaliser la solidarité de l'espèce », ainsi que les Brigades internationales luttant contre le fascisme de Franco pendant la guerre d'Espagne, unissant ouvriers et intellectuels, ce qui n'est pas sans évoquer l'union des ouvriers et des étudiants en mai 1968. « Le passage de Marx à Fourier et le passage du réalisme au surréalisme. Conception utopique ? Elle a été la grande force, réelle, transcendante, l'*idée neuve*, de la première révolte puissante contre l'ensemble de la société existante, de cette révolte qui visait une transmutation radicale des valeurs, une transformation qualitative du mode de vie : la révolte de mai en France. Les graffitis de la *jeunesse en colère* joignaient Karl Marx et André Breton ; le slogan

100 *Ibid.*, p. 26.

L'imagination au pouvoir répondait à *Les comités partout* ; un pianiste jouait du jazz sur les barricades, et le drapeau rouge ne déparerait pas la statue de l'auteur des *Misérables*. Les étudiants en grève à Toulouse demandaient la renaissance de la langue des troubadours et des Albigeois. La nouvelle sensibilité est devenue une force politique[101]. »

101 *Ibid.*, p. 35.

CHAPITRE II

LES OBSTACLES IDÉOLOGIQUES À LA LIBÉRATION DES CONSCIENCES

1. Un premier obstacle à la Libération L'univers truqué du discours dominant

La théorie critique doit donc avant tout libérer les consciences, mais pour cela il faut travailler le langage. L'analyse du langage, la mise en place de ce que l'on pourrait nommer une *sémio-linguistique politique* est fondamentale pour saisir l'efficacité de l'hétéro-contrainte et de l'auto-contrainte s'exerçant sur les individus[102]. Le langage économico-politique commun, le *faitalisme* et le *fatalisme* incorporés par les masses, sur fond de *naturalisme* économique et social - qui désigne les choses comme les dominants les ont désignées, et comme ils veulent qu'elles soient perçues et parlées - sont un très puissant instrument de contrôle psychique, politique et social, car sa rhétorique modèle notre appréhension du monde, replie les valeurs possibles sur les normes en acte, et ajuste nos attentes préfabriquées à la réalité

---

[102] « Le *peuple* parle un langage quasiment imperméable aux concepts et aux propositions de la théorie marxiste. Cette aversion pour ses mots étrangers, ses *grands mots*, etc., n'est pas seulement le fruit d'une éducation, elle traduit aussi l'étendue de la soumission à *l'Establishment* et, par voie de conséquence, à son langage. Forcer l'emprise de ce langage, c'est briser la *fausse conscience*. », Marcuse, 1973, p. 57.

préconstruite, produisant ce faisant une illusion d'accord, de satisfaction et de bien-être, sinon réellement éprouvés par les miséreux, du moins désirés par tous, sous la forme où ce pseudo-bonheur nous est vendu et donné à espérer.

Cette satisfaction conforme et conformiste, produit d'une *harmonie préétablie* (pour reprendre une terminologie leibnizienne), confinée dans les limites de l'ordre existant, lorsqu'elle est individuellement et collectivement recherchée et/ou obtenue, et lorsqu'elle est psychologiquement intégrée, est en vérité toxique ; c'est une « satisfaction répressive » car elle fait diversion, ne développe pas notre humanité, nos « vrais besoins » - que Marcuse distingue des « faux besoins » - et réprime nos aspirations profondes occultées et refoulées par le système.

« La linguistique politique : c'est la cuirasse de l'ordre établi[103]. » Il faut donc apprendre à tous à parler autrement, donc à appréhender le monde autrement, à tenir sur les choses et sur soi-même un autre langage, si l'on veut voir le monde autrement, si l'on veut briser la cuirasse et changer l'ordre existant. Les concepts, entre autres ce que l'on nomme aujourd'hui des *éléments de langage*, sont des instruments de combat qui *théorisent subliminalement la réalité* et qui programment les esprits en vue d'une perception adéquate. Théorisation insidieuse, car la politique en cours prétend à l'inverse ne pas théoriser mais être simplement vision pragmatique et réaliste pouvant se passer de toute idéologie pour accéder au réel. Mais en vérité, la prétendue fin des idéologies est la nouvelle idéologie dominante, l'idéologie de l'acceptation du donné qui se masque comme telle.

---

103 *Ibid.*, p. 99.

Les individus dès leur plus jeune âge, dans leur famille et à l'école, sous l'effet des médias qui endoctrinent quotidiennement les esprits, sont assujettis au langage dominant diffusant dans tout le corps social, et se trouvent de la sorte dépossédés de leur langage propre, de leurs désirs propres, et possédés, investis par des désirs factices et des besoins infinis implantés par l'appareil de production qui doit vendre à tous ses marchandises matérielles et immatérielles. Le langage dominant qui est un langage essentiellement marchand, structure ce faisant « l'infrastructure de l'homme », l'amenant à parler ses désirs en cette *novlangue*[104] : « Le langage qu'ils parlent c'est aussi le langage de leurs maîtres, de leurs bienfaiteurs, des agents publicitaires [...]. Ils décrivent ce que "leur" communication de masse leur apprend, et cela

---

104 Ce concept de *novlangue* a été produit en 1948 par Orwell dans son ouvrage intitulé *1984*, que l'on peut ranger dans la catégorie anticipation, ouvrage connu pour la désormais célèbre figure de Big Brother. Voici donc un extrait de ce texte traitant du novlangue, particulièrement éclairant du texte de Marcuse : « Ne voyez-vous pas que le véritable but du Novlangue est de restreindre les limites de la pensée ? À la fin, nous rendrons littéralement impossible le crime par la pensée car il n'y aura plus de mots pour l'exprimer. Tous les concepts nécessaires seront exprimés chacun exactement par un seul mot dont le sens sera rigoureusement délimité. Toutes les significations subsidiaires seront supprimées et oubliées. Déjà, dans la onzième édition, nous ne sommes pas loin de ce résultat. Mais le processus continuera encore longtemps après que vous et moi serons morts. Chaque année, de moins en moins de mots, et le champ de la conscience de plus en plus restreint », Orwell, 1972, p. 79.

Marcuse se réfère d'ailleurs explicitement à Orwell dans le chapitre de *L'homme unidimensionnel* traitant de *L'univers clos du discours établi* : « Cela donne le langage familier d'Orwell [...] Qu'un parti politique œuvrant à la défense et au développement du capitalisme, soit appelé "socialiste", qu'un gouvernement despotique soit appelé "démocratie", qu'une élection truquée soit qualifiée de "libre", ce sont des données linguistiques (et politiques) familières qui ont existé bien avant Orwell. », Marcuse, 1968b, p. 113. Précisons qu'Orwell développe ces thèses dans son ouvrage *Politics and the English Language*, Orwell, 1946.

se confond avec ce qu'ils pensent réellement, avec ce qu'ils voient, ce qu'ils ressentent[105]. »

Ce *langage institué confortant l'institution*, relève de ce que Berger et Luckmann dans *La construction sociale de la réalité* identifient comme « machineries conceptuelles de maintenance de l'univers ». Et « le fait que la majeure partie de la population qui est conditionnée dans ce sens accepte cette société ne la rend pas plus rationnelle et moins critiquable. La distinction entre vraie et fausse conscience, intérêt réel et intérêt immédiat, n'a rien perdu de sa signification[106]. »

Il est encore un facteur aggravant : l'aliénation ne se sait pas elle-même, elle n'est tout simplement pas consciente de soi, et même se recherche, car il est paradoxalement sécurisant de continuer à vivre comme l'on a vécu, et de croire ce que l'on a cru, d'imaginer que l'on n'a plus le choix de vivre autrement que l'on vit, et que le mode de vie actuel est le plus désirable[107].

L'univers du discours social est un univers truqué et manipulé, de telle sorte que chacun, lorsqu'il veut exprimer des impressions, des besoins et des désirs personnels, se trouve *de facto* et à son insu, pris dans des stéréotypes, dans des « mèmes », dans des formulations communes impersonnelles et conformistes dont il est le véhicule et l'allié inconscient. C'est *le syndrome narratif*

---

[105] Marcuse, 1968b, p. 217.

[106] *Ibid.*, p. 19.

[107] « La notion même d'aliénation est problématique. Les gens se reconnaissent dans leurs marchandises, ils trouvent leur âme dans leur automobile, leur chaîne de haute-fidélité, leur maison à deux niveaux, leur équipement de cuisine. Le mécanisme même qui relie l'individu à sa société a changé et le contrôle social est au cœur des besoins nouveaux qu'il a fait naître. », *Ibid.*, p. 34.

collectif[108] qui raconte toujours la même histoire pour structurer le réel conformément à cet imaginaire ignoré comme tel, pour que chacun vive sa vie comme on la lui raconte quotidiennement dans la presse, à la radio, à la télévision (et actuellement pourrait-on ajouter) dans tous les autres médias liés à Internet. Ce qui est sincèrement et authentiquement ressenti par chacun comme le plus personnel est en réalité le plus commun, le plus factice et le plus impersonnel. La structure même de la communication est préformatée, préfabriquée, et quoi que nous voulions communiquer, y compris le plus intime - le code précédant toujours le message, la forme déterminant toujours *a priori* le contenu - nous nous exprimons toujours spontanément dans les termes limités du langage attendu et convenu, qui est un langage commun, un *prêt à parler* qui est en vérité un *prêt à ne pas penser,* confortant un univers factice déjà habité et formaté par les films, les séries télévisées, les romans, les slogans publicitaires, les discours des journalistes et des hommes politiques. La fiction envahit le réel et le détermine, produisant chez les individus ce que j'ai nommé un *syndrome narratif.* C'est là le *mauvais syndrome répressif* qui doit être remplacé par le *bon syndrome subversif*, consécutif à des *contre-narrations révolutionnaires*, à d'autres histoires racontées, histoires transgressives, prospectives et alternatives, devant faire advenir dans le réel un tout autre imaginaire, producteur de réalité et accomplissant l'humanité en l'homme.

Les concepts philosophiques mis en œuvre par la théorie critique - transgressifs de l'ordre imposé, de la « sage résignation » et de la servitude collective

---

108 Voir mes travaux à ce sujet, par exemple : Farrugia, 2009 ; ibid. 2010 ; ibid. 2012 ; ibid. 2014a ; ibid. 2014b.

acceptée[109] - engagent la subversion théorique de cette « fausse réalité » et sa disqualification. Il faut que ces concepts soient autres que ceux du discours commun, qu'ils soient étranges et étrangers, sans quoi ils se laissent envelopper et neutraliser dans la banalité du quotidien et de la *doxa*. Mais cette réalité conceptualisée par la philosophie, en raison de sa consistance entretenue et de son ancienneté, n'apparaît pas pour autant fausse à tous, mais uniquement aux consciences lucides et cultivées, émancipées de son emprise (pour Marcuse, certains intellectuels et étudiants en lutte). Notons ici, sans le développer, l'importance stratégique du monde de l'université qui joue encore - mais plus pour longtemps - un rôle déterminant dans le processus de libération, en raison de sa situation stratégique :

- à la fois en marge du monde de la *production* et à l'abri *du principe de rendement* donc encore intellectuellement libre et non encore contaminée - à l'époque de Marcuse du moins - ce qui n'est plus le cas, maintenant que les partenariats intéressés avec les entreprises et l'insertion des formations et de la recherche dans le monde professionnel sont devenus la norme de la connaissance valide,

- et au cœur du système idéologique de *reproduction* de la conscience, donc du maintien symbolique du monde construit.

La théorie critique procède conceptuellement à la déconstruction théorique du *statu quo* oppressif dont le

---

109 « Combien il est doux d'obéir, lorsque nous pouvons réaliser le bonheur d'être convenablement déchargés, par de sages et dignes guides, de la pesante responsabilité d'une direction générale de notre conduite. », Marcuse, 1968c, p. 390.

règne est renforcé par le langage convenu utilisé pour sa prétendue description, et de fait pour sa promotion et sa reproduction. C'est donc *concepts contre concepts*, vision du monde contre vision du monde. La théorisation, la connaissance, *le pouvoir de la vérité* et *la prise du pouvoir par la vérité* sont en conséquence un enjeu politique majeur ; la théorie est en réalité une pratique, la connaissance est un combat. Mais dénoncer l'illusion, la rendre visible comme telle, ne suffit pour autant pas à l'annuler et à supprimer son emprise sur la grande masse de la population ; d'autant plus que les élites politiques et médiatiques sont elles-mêmes sous l'emprise de l'idéologie qu'elles promeuvent et propagent, parce qu'elles y croient.

Cette contestation reste l'apanage d'une avant-garde, d'une intelligentsia qui doit se connecter avec le peuple. « Du fait de cette conscience nouvelle et de cette révolte instinctuelle, une telle opposition est coupée des masses et de la majorité des organisations ouvrières, qui sont intégrées à la société ; elle tend à concentrer toute l'action politique radicale dans des minorités actives, essentiellement issues de la jeune intelligentsia des classes moyennes, et de la population des ghettos[110]. »

Il faut, pour ce faire, quelque chose de plus, qui consiste en *une modification de l'infrastructure de l'homme*, qui nécessite le passage de l'intellectuel pur à la complexion psychique, passage qui seul peut réaliser une *conversion intérieure*, entraînant une conversion du regard[111], et à terme une conversion de la posture

---

[110] Marcuse, 1969, p. 72.

[111] « La révolution devra être *aussi* une révolution dans la perception, pour pouvoir, dans la reconstruction matérielle et intellectuelle de la société, bâtir le nouvel environnement esthétique. », *Ibid.*, p. 54.

existentielle. C'est là chose difficile ; comme dans la Caverne de Platon, les prisonniers des illusions ont la tête bloquée et le regard orienté depuis l'enfance vers le mur du fond de la caverne sur lequel défilent sans cesse les ombres des simulacres, et il faut faire bouger cette tête, et d'abord changer la direction de ce regard, pour qu'enfin les prisonniers puissent éventuellement consentir à se libérer. C'est là une belle métaphore anticipatrice de ce qu'est la télévision. Il est difficile de détacher les prisonniers, car dans la Caverne rien ne manque, et tout semble authentique, sans alternative, et sans extérieur. Mais il convient aussi de comprendre que cette *pratique théorique de la conversion* est déjà en soi-même une *pratique politique* ne laissant pas intacte la configuration dominante.

2. Un deuxième obstacle à la Libération
Les approches fonctionnelles de la société

Mais en attendant la Libération, l'heure est à l'interprétation ; à l'interprétation de la société, et à *l'interprétation de l'interprétation* sur laquelle elle s'appuie pour perdurer, analyse qui s'opère au moyen de la philosophie critique. Marx, dans son ouvrage *L'Idéologie allemande*, déplorait que, jusqu'à lui, les philosophes se soient contentés d'interpréter le monde au lieu de le changer. « Les philosophes n'ont fait qu'interpréter le monde de différentes manières, ce qui importe c'est de le transformer. » Marcuse - *renversant le renversement marxiste* - affirme qu'interpréter autrement le monde, c'est précisément déjà le changer, en produisant non pas une interprétation de plus, mais une nouvelle, une autre interprétation, une interprétation *autre*.

Pour Marcuse la théorie ne s'oppose pas à la *praxis* ; la théorie, qui est vision, est en soi une *praxis*, une *praxis* libératoire, à condition toutefois que cette théorie subvertisse la théorie conformiste en acte qui, à l'inverse, aliène les consciences au lieu de les émanciper de l'universelle servitude malheureusement *consentie* et *voulue* car « les gens ont été attachés au système de domination et se sont réconciliés avec lui à un degré sans précédent [...]. C'est une des formes les plus hideuses de l'aliénation qui soit imposée aux individus par leur société et reproduite *spontanément* par l'individu comme son propre besoin et sa satisfaction[112]. »

Il convient en premier lieu de prendre conscience des obstacles mentaux faisant barrage à la prise de conscience des masses, constitués certes par l'appareil idéologique connu : religion, droit, morale, politique, médias, etc., mais plus précisément, dans le registre de la *doxa* scientifique, de l'obstacle passant plus inaperçu, constitué par certaines disciplines universitaires alliées objectives et souvent inconscientes de la pensée positive en acte constituant la machinerie conceptuelle qui soutient, légitime et maintient le système matériel.

La sociologie positiviste, la science politique, l'économie orthodoxe, la psychologie fonctionnelle et la psychanalyse révisionniste renforcent l'ordre pseudo-rationnel existant, tout en se convaincant de dire « objectivement » la réalité sociale sans engagement politique. En réalité, ce désengagement et cette objectivité, en concourant - par leurs analyses fonctionnelles - à *la rationalisation de l'irrationnel*, sont les meilleurs alibis du réalisme ambiant, et engagent ces disciplines dans une

---

112 Marcuse, 1963, p. 10-13.

logique collaborationniste, qui de fait, sinon en intention, travaille pour l'organisation en place. « Alors se fait sentir la nécessité d'une *contre-psychologie*, d'une *contre-sociologie*, d'une *contre-raison*, d'une *contre-éducation*[113]. » Cette contre-sociologie devra s'opposer à « la nouvelle sociologie » empirique[114] qui avalise et naturalise le donné sur le modèle des sciences positives dont elle est admirative et imitative. Mais les sciences humaines appartiennent - ce qu'évidemment les sciences positivistes refusent - au genre historico-herméneutique et non pas au genre empirico-analytique.

Par ces *contre-disciplines*, la théorie critique espère transcender l'ordre existant et réhabiliter la souveraineté du sujet redevenu conscient, en mettant en œuvre son désenfermement. La théorie critique promeut une nouvelle philosophie de la société, philosophie contestataire de ce fonctionnalisme en acte, qui procède à une légitimation permanente de l'être-là du monde, dans la mesure où elle ne transgresse jamais la vision établie, ne sort jamais des cadres convenus, mais s'efforce de la comprendre, en activant les principes sur lesquels le système repose, au lieu de mettre en évidence les implicites des principes fonctionnalistes, qui sont autant de pétitions de principe. « L'analyse fonctionnelle est enfermée dans le système choisi, ce système lui-même n'est pas soumis à une analyse qui, transcendant les limites du système, tendrait à un *continuum* historique dans lequel ses fonctions (et la

---

113 Marcuse, 1976, p. 87.

114 « La nouvelle sociologie devra donc toujours s'attacher aux données de l'ordre social existant et, tout en admettant la nécessité de réformes et d'améliorations, elle exclura toute tentative pour renverser ou nier et ordre. Les maîtres-concepts de la nouvelle sociologie sont ainsi au service des intérêts de l'ordre établi ; leur fonction est apologétique et justificatrice. », Marcuse, 1968c, p. 389.

rupture de ses fonctions), deviendraient ce qu'elles sont[115]. »

Pour libérer les consciences, il faut donc intervenir à ce niveau de réalité psycho-sociale, à cet étage anthropologique, pour tenter de neutraliser les armes du positivisme[116] qui sont les armes croisées de la domination psychique et de la domination économico-politique, à savoir : « le principe de rendement[117] », « la contre-révolution préventive[118] », la « tolérance

---

115 Marcuse, 1968b, p. 132.

116 « Ainsi le positivisme ne serait plus seulement tel que le définit M. Löwenthal, l'examen de ce qu'on analyse, la mise à l'épreuve de ce qu'on exprime d'une manière théorique et systématique en s'appuyant sur les faits ; le positivisme exprimerait au contraire la doctrine du système dans son ensemble, l'axiome du respect des faits aboutissant à s'incliner devant la domination, puisque justement celle-ci tire toute son autorité de la réalité de l'état de fait. », Furth, 1968, p. 106.

117 « *Le principe de rendement* : c'est la forme spécifique du principe de réalité dans la société moderne. [...] La pénurie prédominante dans toutes les civilisations (bien que sous des modes très différents) a été organisée d'une telle manière que le produit social ne soit pas distribué collectivement n fonction des besoins individuels... », Marcuse, 1963, p. 44.

« Sous la domination du principe de rendement, la *cathexis* libidinale de l'individu et les relations libidineuses avec les autres sont normalement étroitement réservées au temps de loisir et dirigées vers la préparation et l'exécution de l'acte génital. [...] Ces contraintes imposées par le besoin de réserver une grande quantité d'énergie et de temps à un travail non satisfaisant, perpétuent la désexualisation du corps nécessaire à la transformation de l'organisme en sujet-objet de réalisation socialement utiles. », *Ibid.*, p. 185.

118 « La contre-révolution est largement préventive en général ; dans le monde occidental, elle l'est exclusivement. Il n'y a pas ici de révolution récente à détruire, aucune non plus en perspective. Or, c'est pourtant la peur de la révolution qui unit les intérêts et lie les diverses phases et formes de la contre-révolution. Elle couvre toute la gamme, de la démocratie parlementaire à la dictature avouée en passant par l'État policier. Le capitalisme se réorganise pour affronter la menace d'une révolution qui serait la plus radicale de toutes les révolutions historiques. Qui serait vraiment la première révolution *historique mondiale*. », Marcuse, 1973, p. 10.

répressive[119] », la « sur-répression[120] » et la « désublimation répressive[121] ». Ce sont là autant de mécanismes combinés et intégrés du contrôle social,

---

119 « À l'intérieur de la démocratie d'abondance, on peut entendre tous les points de vue : le point de vue communiste et le fasciste, celui de la gauche et celui de la droite, celui du Blanc et celui du Noir, celui de ceux qui militent pour l'armement et celui de ceux qui militent contre. En outre dans les médias, l'opinion stupide est traitée avec le même respect que l'opinion intelligente, celui qui est mal informé peut parler aussi longtemps que celui qui est bien informé et la propagande y est mise dans le même sac que l'éducation. Cette tolérance du sens et du non-sens est justifiée par l'argument démocratique selon lequel personne, aucun groupe ni aucun individu, n'est en possession de la vérité et capable de définir ce qui est juste et ce qui est faux, ce qui est bon et ce qui est mauvais. Toutes les opinions contestataires doivent être soumises au « peuple » pour qu'il puisse délibérer et choisir. Le caractère non discriminant de la tolérance libérale était, du moins en théorie, basé sur la proposition selon laquelle les hommes étaient (en puissance) des individus qui pouvaient apprendre à écouter, voir et sentir par eux-mêmes et ainsi comprendre quels étaient leurs véritables intérêts. L'argument démocratique implique une condition nécessaire, à savoir que les gens doivent avoir accès à l'information authentique et que leurs délibérations doivent être le résultat d'une pensée autonome se fondant sur cette information authentique. », Marcuse, 2008, p. 38.

120 « Ce sont les restrictions rendues nécessaires par la domination sociale. Il faut la distinguer de la répression fondamentale c'est-à-dire des *modifications* des instincts qui sont nécessaires pour que la race humaine survive dans la civilisation. », Marcuse, 1963, p. 44.

121 « On peut parler de *désublimation répressive*, c'est-à-dire d'une libération de la sexualité dans des modes et sous des formes qui diminuent et affaiblissent l'énergie érotique. Dans ce processus aussi, la sexualité s'étend à des domaines et des relations autrefois tabous ; cependant, au lieu que ces domaines et ces relations soient recréés à l'image du principe de plaisir, c'est la tendance opposée qui s'affirme : le principe de réalité étend son pouvoir sur Eros. […] La désublimation répressive accompagne les tendances contemporaines à l'introduction du totalitarisme dans le travail et les loisirs quotidiens de l'homme, dans son labeur et dans son bonheur. Elle se manifeste dans les voies multiples des distractions, de la détente, du grégarisme qui pratiquent la destruction de l'intimité, le mépris des formes, l'incapacité de tolérer le silence, l'exhibition orgueilleuse de la grossièreté et de la brutalité. […] C'est la délivrance d'un corps soumis à la répression, d'un instrument de labeur et e divertissement dans une société qui l'organise contre sa propre libération. […] À l'intérieur de ce cadre, même les libertés et les satisfactions de l'individu participent de la répression générale. », *Ibid.*, p. 12-13.

produisant des fausses-vérités, acceptés et installés dans les fausses-consciences et les inconscients, réifiés dans les institutions, inscrits dans les comportements et dans la fausse-réalité. Les sciences de l'homme - en particulier la sociologie académique d'enquête - ne se préoccupent que peu de ces mécanismes psycho-politiques de domination des masses : ce n'est pas scientifique, ce n'est pas empirique, mais spéculatif ! La sociologie officielle se veut et se dit neutre, c'est-à-dire en vérité *acceptante des logiques en cours* auxquelles elle ne s'oppose pas mais qu'elle se contente de décrire comme le biologiste décrit un organisme. La sociologie orthodoxe n'est absolument pas révolutionnaire mais à l'inverse conservatrice, conformiste, et même plus, car elle est par essence *crypto-thérapeutique* et instrumentale. En réalité, elle n'est pas une science, mais une techno-science qui se revendique de l'expertise, et fournit de fait aux pouvoirs administratifs, économiques et politiques des instruments de connaissance du fonctionnement social, donc des *outils de neutralisation du désordre potentiel*, des techniques managériales et gestionnaires de maintien de l'ordre en vigueur, et ce, contre le travail démystifiant des intellectuels lucides et critiques qui, refusant de s'aligner, se voient taxés d'idéalisme, d'utopisme, d'essayisme et de non-scientificité par la science officielle.

Et c'est précisément par son objectivité prétendue que cette science sociale descriptiviste et experte manifeste son caractère engagé dans l'ordre existant, son absence de neutralité et sa collaboration au système en place. Marcuse accuse précisément cette sociologie positiviste « d'empirisme thérapeutique » dans la mesure où elle met en évidence des dysfonctionnements sociétaux au regard d'une norme en acte, en particulier dans le monde du travail, du lien social, de l'éducation, sinon *afin*, du moins *de telle sorte* qu'ils puissent être corrigés, se préoccupant de réparer le lien social dégradé, négligeant ce faisant de produire une analyse politique, et d'éclairer le rapport essentiel existant entre des comportements circonscrits et isolés et « la société dans son ensemble. »

Cette sociologie empirique[122] prétend se dispenser d'une *théorie* et se satisfaire d'une simple *méthodologie*, et c'est dans cette exacte mesure qu'elle développe sa fonction idéologique et thérapeutique de défense des

---

[122] « Est-ce que cela veut dire que la théorie critique doive abdiquer et abandonner le terrain à la sociologie empirique (la sociologie empirique refuse d'être tributaire d'une théorie, elle relève seulement d'une méthodologie, mais elle est victime d'une illusion, elle se sert d'un concret mal situé ; elle a ainsi une fonction idéologique tout en proclamant qu'elle a supprimé les jugements de valeur) ? », Marcuse, 1968b, p. 277.

« La philosophie positive étudie au contraire les réalités sociales sur le modèle de la nature et du point de vue de la nécessité objective. Il faut préserver l'indépendance des faits empiriques et faire servir le raisonnement à l'acceptation du donné. La philosophie positive entend de cette manière faire échec au courant critique inscrit dans la *négation* philosophique du donné, et rendre aux faits la dignité du positif. On découvre ici quelle solidarité très nette unit la philosophie positive et le positivisme moderne : ils partagent, outre la lutte commune menée contre l'apriorisme métaphysique, l'orientation de la pensée vers l'état de fait et l'élévation de l'expérience au rang de critère ultime de la connaissance. », Marcuse, 1968c, p. 375.

Notons la proximité de cette thèse de Marcuse, soutenue en 1964 dans *L'homme unidimensionnel* avec celle que défendait déjà Gurvitch dans son article de 1956 *La vocation actuelle de la sociologie*, paru dès 1956 dans les *Cahiers internationaux de sociologie* : « La majorité écrasante des chercheurs empiriques américains ne savent pas distinguer l'important de l'accidentel et n'ont aucune idée des questions auxquelles ils devraient répondre. [...] Sorokin s'est arrêté à la mentalité culturelle et à la théorie des cycles ; Parsons, à l'analyse structurelle fonctionnelle qui n'est qu'un paravent de l'absence de la recherche explicative des forces dynamiques de changements. [...] La sociologie est menacée de ne devenir, soit qu'une science auxiliaire, soit qu'une science exclusivement appliquée, appelée à indiquer les meilleures voies d'*adaptation* des groupes récalcitrants à des structures et conjonctures acquises, ou à élaborer des planifications efficaces dans un cadre social précis. »

valeurs en acte[123], véhiculant des valeurs pragmatistes, « tout en proclamant qu'elle a supprimé les jugements de valeur. » Il s'agit là de l'action contre-révolutionnaire des intellectuels positivistes, propageant au nom d'une neutralité de point de vue affichée, *le relativisme des valeurs*, récusant en conséquence toute vérité possible et toute réfutation d'une position fausse, et réduisant en dernier ressort toute contestation à un simple *rapport pour/contre*, comme si toute position était équivalente à une autre au regard de la condition humaine.

Dans *Raison et révolution,* Marcuse procède à une analyse généalogique de cette posture positiviste, qui en réalité active de manière sourde mais efficace un paradigme de combat. Il y voit une démarche réactionnaire, destructrice des forces d'opposition en ce qu'elle « constitue une réaction consciente, particulièrement hargneuse en Allemagne, contre les tendances critiques et destructrices du rationalisme des Lumières en France et en Allemagne. En raison de ses tendances critiques, le système hégélien est appelé une "philosophie négative"[124]. » L'on sait quelle valeur essentielle et positive au regard de la Libération, Marcuse reconnaît à la pensée négative, pensée précisément combattue par le positivisme attaquant systématiquement le rationalisme critique, héritier « de Descartes et des Lumières ».

---

123 « L'abolition démocratique de la pensée qui se produit d'elle-même pour le *common man* et qu'il accomplit lui-même (dans son travail et par l'utilisation et la jouissance de l'appareil de production et de consommation), confère dans l'ordre de la haute culture à la philosophie, la sociologie et la psychologie leur orientation positiviste et positive, le système établi devenant le cadre indépassable de la formation et du développement des concepts. », Marcuse, 1970, p. 11.

124 Marcuse, 1968c, p. 373.

C'est la raison pour laquelle *la philosophie*, porteuse de la Raison non encore subvertie, et comme telle pourvoyeuse de ce pouvoir du négatif, historiquement détentrice de cet esprit dialectique (hérité du platonisme et de l'hégélianisme) - dissolvant des certitudes de la *doxa* et des illusions collectives, qui est le pouvoir propre de la pensée - a été exclue d'une méthode d'enquête se légitimant de son rapport au « terrain », initiée par la sociologie empirique dès que cette dernière a été en situation dans l'après-guerre de 1945, de s'émanciper institutionnellement sous l'effet de la forte demande de reconstruction et d'expertise émanant des instances économiques, politiques, administratives et idéologiques. Ce qui explique qu'ait été dressé, entre la philosophie organiquement *critique,* et cette sociologie académique organiquement *utile*, souvent managériale et de service, ce que Georges Gurvitch - encore une fois précurseur en matière de sociologie critique - a appelé en son temps un « cordon sanitaire », opération d'exclusion stratégique de la pensée, de la théorie et de la conceptualisation, au bénéfice d'une méthodologie désincarnée, exclusion que j'ai analysée dans mon ouvrage *La reconstruction de la sociologie française 1945-1965*, comme étant plus radicalement un *matricide fondateur*. La conséquence de ce matricide sur lequel se fonde la sociologie empirique d'enquête est la suivante : « Le positivisme contemporain qui a négligé ou supprimé cette dimension spécifique de la philosophie, a été amené à opérer dans le monde artificiellement appauvri du concret académique[125]. »

Mais la vie, l'existence collective réelle, est-ce l'artifice de ce terrain d'enquête *disciplinairement* découpé en parcelles par la sociologie académique

---

125 Marcuse, 1968b, p. 210.

revendiquant la scientificité ? Peut-on ainsi circonscrire la réalité, la *borner*, l'arrêter dans son devenir et l'éclater en morceaux séparés prétendument signifiants en eux-mêmes indépendamment de la totalité, mettant à l'écart ce « phénomène-social-total » cher à Marcel Mauss, à Roger Bastide et à Georges Gurvitch ? La sociologie cède ce faisant la place aux sociologies partielles délimitant ce fameux « concret appauvri » signalé par Marcuse, concret réduit à des morceaux de réalité : éducation, travail, santé, culture, arts, loisirs, sport, identités, genres, expertise, vieillissement, ville, religion, jeunesse, loisirs, professions, etc., délimitation d'autant de territoires *disciplinaires et disciplinés*, la plupart du temps oublieux de ce « phénomène-social-total », de ce réel compris en sa complétude, en sa mobilité et en son *historicité*. Il faut, pour retrouver le réel, absolument réintégrer l'histoire, le contexte, les « cadres sociaux » (tels que les concevait Maurice Halbwachs) en lesquels les faits se produisent, afin de leur conférer une réelle signification. Cette compréhension ne peut se produire qu'à la condition de posséder ce que Marcuse nomme « une *théorie* de la société », c'est-à-dire une vision des rapports existant entre les faits : la vision d'une structure unifiant le tout, vision présente chez certains philosophes et sociologues possédant une ambition socio-anthroplogique.

À l'opposé de cette vision lucide et complète, ces petites expertises anhistoriques : monographies et sociographies limitées, sont autant d'instantanés, de prises de vues statiques sur de petites statiques sociales, qui nous feraient presque perdre de vue la seule réalité qui vaille : celle de la dynamique sociale en marche, celle de la société totale, le devenir effectif, non seulement de la société considérée, mais également de la culture et de la civilisation : le devenir de l'*anthropos*.

On en oublierait la nature complexe, la nature économico-politique - et maintenant marchande - de tous les faits, qui en vérité ne sont des « choses sociales » comme le précisait Durkheim, qu'autant qu'ils sont des *rapports sociaux réifiés* et souvent *fétichisés*[126], mais oubliés comme tels et en conséquence naturalisés en un *faux concret*, en une *fausse réalité* renforcée d'une *fausse conscience* et surtout d'une *bonne conscience*. « Le caractère politique et idéologique de ces faits et de ces conditions devient alors évident et pour élaborer des concepts cognitifs adéquats il faut dépasser le concret fallacieux de l'empirisme positiviste. Le concept opérationnel et thérapeutique devient faux dans ce sens qu'il isole les faits, qu'il les réduit en miettes, qu'il les immobilise à l'intérieur d'un ensemble répressif, dans ce sens qu'il accepte les termes de cet ensemble comme termes d'analyse[127]. »

3. Un troisième obstacle à la Libération L'empirisme radical du positivisme

Les analyses sociales, économiques et politiques positivistes sont, à l'image du monde, des opinions conformistes en lequel elles se meuvent ; monde qui les a suscitées, qu'elles prétendent seulement analyser, mais

---

[126] « Les premiers écrits de Marx présentent le premier exposé explicite du processus de réification (*Verdinglichung*), selon lequel la société capitaliste transforme toutes les relations personnelles entre hommes en rapports objectifs entre choses. *Le Capital* va dénommer ce processus *fétichisme de la marchandise* : au sein du système capitaliste, ce sont les marchandises échangées qui déterminent les relations entre hommes, et c'est la valeur d'échange de leurs marchandises qui détermine le statut social des individus, leur niveau de vie, la satisfaction de leurs besoins, leur liberté et le pouvoir qu'ils détiennent. », Marcuse, 1968c, p. 325.

[127] Marcuse, 1968b, p. 132.

dont en réalité elles redoublent et renforcent l'existence pseudo-naturelle par leur déclaration de scientificité et d'objectivité, avalisant en cela *de facto* et sans état d'âme, les présupposés et *implications idéologiques d'une démarche désimpliquée* à tendance factualiste, scientiste et positiviste reléguant l'esprit, la pensée, dans la sphère métaphysique. « Un empirisme radical sert de justification méthodologique à la critique que ces intellectuels adressent aux prétentions de l'esprit : il s'agit d'un positivisme qui, dans son refus des éléments transcendants de la Raison, forme la contrepartie académique du comportement socialement requis[128]. » Ce faisant ces disciplines s'engagent fonctionnellement dans un désengagement coupable d'une acceptation des logiques économiques et politiques en cours structurant la domination et la légitimant.

Il est donc essentiel de s'attaquer prioritairement au langage, aux concepts, aux visions du monde et à la construction du réel qu'ils génèrent et dont ils renforcent *la fausse réalité*. « Le vocabulaire sociologique doit subir une refonte radicale ; il faut le dépouiller de sa prétendue neutralité, il faut systématiquement, délibérément, le “moraliser” dans l'optique du Refus[129]. »

L'épistémologie est en conséquence un enjeu politique. La *theoria* est une *praxis* qui dénonce la fausse neutralité de la science, alliée objective des technostructures aliénantes. En effet s'engager délibérément dans la neutralité, c'est projeter de simplement et tranquillement décrire, sans émotions ni sentiments, sans parti pris, sans approuver ni critiquer.

---

128 *Ibid.*, p. 38.

129 Marcuse, 1969, p. 18.

C'est présupposer et faire croire que la réalité existe en soi et par soi de manière autonome, qu'elle n'est pas le résultat d'une imposition politico-économique, et que de plus, elle préexiste aux intentions de recherche et à ses interprétations, de même que le sujet interprétant. Prétendre à la neutralité du chercheur, c'est présupposer que le chercheur désimpliqué de sa recherche et de son objet est dépourvu d'histoire, d'intérêts, d'attentes, de désirs, d'appartenances, de commandes et de financements. Ou bien c'est supposer qu'il peut se désengager de tout cela.

Ces opérations d'enquête, en quête d'objectivité, passent par la mise en œuvre de concepts ajustés, convenus et inoffensifs, non subversifs, inscrits dans une *méthodologie prophylactique* d'enquête de terrain seule à même, par son objectivité et sa distanciation revendiquées, d'exorciser le spectre de la subjectivité et des jugements de valeurs déontologiquement et wébérienement bannis par la profession, en réalité *a priori* stigmatisés par un système tout à la fois scientifique, économique et idéologique, défendant sa perpétuation et sa légitimité par la labellisation institutionnelle d'un langage institutionnellement accrédité et par la promotion de concepts épistémologiquement neutralisés, « immunisés contre la contradiction », n'altérant en rien la prétendue naturalité de l'être-là et du discours qui en rend compte. « Le discours fonctionnel est un véhicule qui sert à coordonner et à subordonner. [...] Le langage fonctionnel est un langage harmonisé qui est fondamentalement anti-critique et anti-dialectique. En lui la rationalité opératoire et la rationalité du comportement absorbent les éléments transcendants, négatifs, oppositionnels de la Raison[130]. »

---

[130] Marcuse, 1968b, p. 121.

CHAPITRE III

COMBATTRE LES OBSTACLES

1. Une théorie critique de la société
Pour combattre les obstacles à la Libération

La Libération commence par la dénonciation du constructivisme se déguisant en naturalisme. La théorie critique se heurte ici, dans sa dénonciation de l'idéologie, à l'action lénifiante de la sociologie qui, « utile à maints égards, vient fausser le propos et le but de la théorie critique ». Cette *fausseté* tient au fait que la sociologie n'est pas une recherche de la *vérité*, puisque « ne s'occupant que des déterminismes », c'est-à-dire de vérités anciennes, de normes, de pratiques et de valeurs socialement accréditées et réifiées en institutions. La sociologie académique ne recherche pas la vérité, mais examine l'état de l'opinion, de la *doxa* dominante qu'elle ne soumet pas à la question critique, prenant « scientifiquement » acte de *ce qui se donne comme vérité* dans telle société à tel moment.

La théorie critique en revanche est plus qu'une sociologie positive traitant les faits humains et sociaux comme des choses ; elle est une *philosophie sociale*, étayée sur une anthropologie philosophique non empirique[131] en ce qu'elle ne définit pas *a posteriori* l'homme par l'observation et l'acceptation de l'homme tel qu'il existe déjà, tel qu'il est déjà cristallisé, réifié, dans ses limitations existentielles actuelles ou passées, définition de l'humain avalisatrice de l'existant qui procéderait à une recension des types humains effectivement existants, considérés comme autant de faits sociaux indépassables, étant la seule réalité observable de l'humain. Pour élaborer sa définition de l'homme, la théorie critique, à l'inverse de la sociologie positiviste et faitaliste, recourt à une opération spéculative et imaginative - par pour autant métaphysique - visant à actualiser les potentialités de la nature humaine, visant à rendre visibles les virtualités, les potentialités objectives de liberté et de bonheur non encore actualisées, contenues dans son actualité réprimée en attente de libération. Le sociologue critique s'efforce de faire émerger l'idée de l'homme tel qu'il pourrait être, non pas d'un homme en soi, mais d'un homme possible compte tenu des possibilités techniques, pratiques et objectives, de la société en laquelle il est inscrit.

Elle est une pratique de la connaissance qui se meut dans la sphère problématique de cette *vérité* qui n'est pas réductible à des faits ou à des effets sociaux, et elle échappe ce faisant, en ses conceptions, à la sphère des déterminations idéologiques. « La vérité qu'elle reconnaît dans la philosophie n'est pas réductible à des rapports sociaux existants. »

---

131 « Qu'est-ce que l'homme ? La réponse à cette question n'est pas supposée être une description des différentes formes de la nature humaine, mais la recherche des possibilités existant en l'homme. », Marcuse, 1970, p. 161.

La dénonciation de l'idéologie et du positivisme par la théorie critique ne relève donc pas elle-même de ce qu'elle dénonce. Elle est porteuse d'un regard lucide sur l'illusion, regard qui échappe à la fausse conscience en raison de sa culture philosophique et de sa pratique dialectique ne réduisant pas ce qui doit être à ce qui est.

Nous retrouvons, en cette position marcusienne d'extra-territorialité de la théorie critique à l'égard de l'idéologie, les analyses du sociologue Karl Mannheim concernant la « *freischwebende Intelligenz* » qui signifie littéralement *intelligentsia librement flottante*, traduit habituellement par *intelligentsia sans attache*. Ce concept est emprunté à Alfred Weber, et a donné lieu à d'infinies polémiques. Marcuse en ses positions rejoint celles de cet initiateur de la *sociologie de la connaissance*, discipline dont il a pourtant affirmé que son objet « n'est constitué que par des contre-vérités et non par les vérités de la philosophie », qui elle, est « plus qu'une idéologie. » Et c'est précisément parce que cette philosophie critique - qui n'est pas une fausse conscience, mais une conscience vraie - existe à la manière de cette sociologie de la connaissance désimpliquée, que la théorie critique peut, dans le système marcusien, prétendre à quelque efficacité en ce qui concerne le projet émancipatoire et libératoire dont elle est porteuse. « L'intérêt porté par la théorie critique à la Libération de l'humanité la rattache à certaines anciennes vérités qu'elle se doit de conserver. C'est la conviction que l'homme peut être plus qu'un sujet utilisable dans le processus de production de la société de classes qui apparente le plus profondément la théorie critique à la philosophie[132]. » C'est cette épistémologie qui fonde la possibilité de la pratique. Rappelons l'appel de Marcuse -

---

[132] Marcuse, 1970, p. 167.

déjà signalé - à un savoir vrai contradictoire activant le négatif : « Alors se fait sentir la nécessité d'une *contre*-psychologie, d'une *contre*-sociologie, d'une *contre*-éducation[133]. »

C'est de plus en une anamnèse de l'histoire et de ses figures successives que réside la mise en évidence du *sens* et du devenir des sociétés. Car la suppression de l'histoire est aussi une suppression de l'avenir et une hypertrophie du présentisme clos sur lui-même. En revanche, « la théorie sociale est une théorie historique et l'histoire constitue le domaine du possible à l'intérieur du nécessaire[134]. » S'il est toujours vrai, comme le diagnostiquait Marx dès 1 848 dans l'incipit de son *Manifeste*, que « l'histoire de toute société jusqu'à nos jours n'a été que l'histoire de luttes de classes : homme libre et esclave, praticien et plébéien, baron et serf, maître de jurande et compagnon, en un mot oppresseur et opprimé, en opposition constante, ont mené une guerre ininterrompue[135] » ; alors que penser d'une analyse sociale, d'une sociologie qui, en période de guerre idéologique, refuse de s'engager, de prendre parti et qui vise la neutralité ? Marcuse considère, dans le sillage de Marx, que « l'histoire n'en est pas moins l'histoire de la domination » et il introduit à sa suite une analyse de nouvelles formes de domination inhérentes au développement de la société industrielle avancée, en particulier de la démocratie.

La définition polémologique de l'histoire des sociétés, présente dans le *Manifeste du parti communiste,* reste valide, mais il convient de la prolonger, et aussi de lui

---

133 Marcuse, 1974.

134 Marcuse, 1968b, p. 17.

135 Marx, 1966, pp. 27-28.

adjoindre l'analyse de nouvelles formes émergentes qui perpétuent la domination selon de nouvelles modalités, consécutives à une mutation historique du capitalisme. « La dépendance personnelle (celle qui engageait l'esclave au maître, le serf au châtelain, le seigneur au suzerain, etc.) est remplacée peu à peu par une autre sorte de dépendance, celle qui engage à un "ordre de choses objectif" (les lois économiques, le marché, etc.) La domination a encore, depuis Marx, accru sa rationalité, et donc son efficacité, en s'inscrivant dans l'ouvert de la mondialisation et de la technicisation croissante, ce que Marcuse de manière anticipative, nomme déjà en 1964 - il y a donc cinquante ans - « concurrence internationale totale[136] ».

2. Une praxis émancipatrice et rédemptrice Œuvre d'une « avant-garde » d'intellectuels éclairés

Le changement radical de l'homme - qu'il s'agit de pédagogiquement produire par une *praxis* adéquate - entraînant un changement radical de société, ne procédera pas, comme le défend Marx, d'un changement dans l'infrastructure de la société, mais résultera selon Marcuse, d'une *praxis émancipatrice et rédemptrice*, œuvre d'une « avant-garde » d'intellectuels éclairés. L'allégorie platonicienne de la Caverne se rappelle à nous, en ce que le philosophe, qui est sorti en pleine lumière, a démystifié les simulacres et a contemplé les réalités, à savoir les idées, et retourne auprès des prisonniers pour leur montrer la vérité, les guider hors de la Caverne, et dépasser les apparences. C'est en la mise en évidence de cette *infrastructure anthropique non matérielle, non collective*

[136] Marcuse, 1968b, p. 167.

mais partagée, et en tant que telle déterminante des rapports sociaux, que consiste l'originalité de l'analyse marcusienne du rôle de l'idéologie, au sein de l'École de Francfort. Cette originalité tient à l'intégration des outils de la psychanalyse freudienne à l'analyse politique marxiste revisitée, prenant ses distances avec un déterminisme économique strict pour se concentrer sur les formations idéologiques et les structures mentales des membres de la société.

C'est selon lui, en modelant cette infrastructure *de l'homme et non de la société*, que l'idéologie dominante déploie son emprise sur les individus. Il existe en conséquence *une sous-idéologie des dominés*, résultant de l'intériorisation de l'idéologie des dominants ; les dominés consentant à la domination et la reproduisant inconsciemment à leur détriment, s'épanouissant même paradoxalement dans la culture répressive, dans « la servitude volontaire[137] », dans le respect des usages, du droit et des institutions, éprouvant - en une « fausse conscience », en une « conscience heureuse qui croit que le réel est rationnel et que le système satisfait les besoins[138] » - un « faux bonheur » et une « fausse liberté. » « Plus écrasante se fait la puissance de l'appareil de domination, plus effective sa reproduction dans la conscience et dans la structure pulsionnelle des dominés,

137 « Cette servitude *volontaire* (pour autant qu'elle est introjectée aux individus) justifie les maîtres et leur prête un masque de bienveillance ; pour qu'une pratique politique puisse y mettre fin, il faudrait qu'elle s'attaque aux fondements mêmes de l'acceptation et du refoulement, à l'infrastructure de l'homme, il faudrait qu'elle se situe hors de l'ordre établi, le refuse en bloc, et se propose une transmutation radicale des valeurs. », Marcuse, 1969, pp. 14-15.

138 Marcuse, 1968b, p. 109.

et plus s'accroît l'importance d'une pratique intellectuelle qui élucide et qui éduque[139]. »

Il pourra en effet se faire, à rebours de l'action dominatrice de l'appareil idéologique, que sous l'effet d'une pratique émancipatoire de la connaissance philosophique, l'idéologie des dominés - ces derniers défendant lucidement leurs intérêts réels - se transmue en connaissance vraie, abandonne la fausse conscience pour la vraie, et s'oppose à l'idéologie des dominants. Notons que la classe dominante qui impose sa vision du réel, développe elle-même une fausse conscience de soi et de cette réalité économique qu'elle croit illusoirement dominer et légitimement vouloir et pouvoir gouverner. Mais ce passage à la connaissance vraie de la part des dominés supposerait déjà la conscientisation acquise. C'est encore une fois le cercle vertueux libertaire qui s'active.

Comme Platon, Marcuse présuppose que l'Ignorance est la réelle source du Mal. En tout cas, c'est la description précise du fonctionnement de l'appareil psychique en termes psychanalytiques, la mise en évidence de ses divers mécanismes[140] : d'identification, de déni, d'oubli, de refoulement, de rejet, de défoulement, de retour du refoulé, de projection, de transfert, de déplacement, de substitution, de rationalisation, de diversion, de sublimation, d'incorporation, d'introjection, etc., qui permet de comprendre *comment* l'idéologie a prise sur les individus, et donc comment potentiellement, sinon réellement, il est possible de s'en libérer.

---

139 Marcuse, 1976, p. 86.

140 « Tous les concepts psychanalytiques (sublimation, identification, projection, refoulement, introjection) impliquent la possibilité des mutations des instincts. », Marcuse, 1963, p. 24.

Marcuse, à la différence de Marx, ne s'en tient donc pas - pour décrire l'idéologie - à des représentations et à des dynamiques collectives et *impersonnelles*, mais entre dans la description du mécanisme complexe de la subjectivité des acteurs sociaux ; il procède à l'analyse des processus psychiques individuels, en même temps que communs, permettant seuls d'expliquer précisément *comment* l'idéologie peut s'imposer et se maintenir, comment les valeurs et les normes s'incorporent, se cristallisent et se fétichisent. C'est par l'action de la persuasion du milieu familial, des groupes sociaux, de l'appareil éducatif, des médias et des discours politiques ; c'est par la synchronisation des émotions sous l'effet d'événements collectifs réitérés et ritualisés (fêtes populaires, spectacles sportifs, commémorations, remises de récompenses[141], grandes manifestations populaires, etc.) et de discours déclencheurs que se construit et s'entretient une *weltanschauung* collective, une vision du monde partagée. Par ce concept d'infrastructure de l'homme (et non de la société) s'éclaire ce qui lie l'individuel au collectif, la psychologie à la sociologie et à la science politique.

---

141 La thèse marcusienne de l'organisation de la diversion et du spectacle collectifs, que l'on retrouvera chez Guy Debord, n'est toutefois pas neuve ; en atteste ce texte de La Boétie en date de 1549, qui traite de son temps sous couvert de décrire le passé, et ce faisant met en évidence une structure psycho-politique transtemporelle : « Les théâtres, les jeux, les farces, les spectacles, les gladiateurs, les bêtes curieuses, les médailles, les tableaux et autres drogues de cette espèce étaient pour les peuples anciens les appâts de la servitude, la compensation de leur liberté ravie, les instruments de la tyrannie. Ce système, cette pratique, ces allèchements étaient les moyens qu'employaient les anciens tyrans pour endormir leurs sujets dans la servitude. Ainsi, les peuples abrutis, trouvant beau tous ces passe-temps, amusés d'un vain plaisir qui les éblouissait, s'habituaient à servir aussi niaisement mais plus mal encore que les petits enfants n'apprennent à lire avec des images enluminées. », La Boétie, 2002, p. 33.

Cette infrastructure de l'homme est la médiation dialectique manquante chez Marx, entre le concept d'infrastructure et celui de superstructure, permettant de comprendre le lien de l'homme au monde, de l'individu à la société. Plus précisément, ce concept marcusien éclaire un autre concept, celui de *sous-idéologie des dominés*.

C'est en effet en cette infra-structure de l'homme que se réalise l'alchimie de la domination, par *assimilation*, *incorporation*, *introjection* - par les dominés - de l'idéologie des dominants, qui sont d'ailleurs eux-mêmes psychiquement dominés et aliénés, en ce qu'ils sont assujettis à cette même idéologie qui les a façonnés de longue date[142]. « Le règne de la marchandise, la manipulation de la productivité du travail et de la satisfaction des besoins ne mobilisent pas seulement la conscience mais aussi la structure pulsionnelle pour la reproduction de l'état de chose existant à l'intérieur et à l'extérieur du monde du travail. La socialisation répressive de la conscience et de la structure pulsionnelle est aujourd'hui partie intégrante du *processus matériel de reproduction*[143]. »

---

142 Voici en quels mécanismes psychiques croisés, d'*identification* par *introjection* et consécutivement de *reproduction*, il faut chercher l'explication de l'*auto-répression*, et du *consentement* des dominés à leur domination, scellant l'intrication du psychique et du politique : « L'individu réprimé introjette ses maîtres et leurs directives dans son propre appareil mental. La lutte contre la liberté se reproduit dans le psychisme de l'homme comme auto-répression de l'individu réprimé, et son auto-répression défend ses maîtres et leurs institutions. », Marcuse, 1963, p. 27.

« L'hypothèse freudienne de l'instinct de mort et son rôle dans l'agression civilisée mettaient en lumière une des énigmes négligées de la civilisation ; il révélait le lien inconscient caché qui lie les opprimés à leurs oppresseurs, les soldats à leurs généraux, les individus à leurs maîtres. », Marcuse, 1963, p. 247.

143 Marcuse, 1976, pp. 72-73.

C'est la raison pour laquelle il faut libérer les consciences et les inconscients. Cette libération ne peut advenir qu'en raison de l'avènement d'un mode particulier de connaissance que l'on peut nommer connaissance mémorielle. L'individu est porteur d'une connaissance particulièrement subversive, qui est une *connaissance mémorielle*. Il s'agit d'une connaissance refoulée dont nous avons toutefois un souvenir ineffaçable remontant aux commencements de notre existence non encore soumise à la répression, une connaissance de ce qui vaut vraiment, d'une vie telle qu'elle mérite d'être vécue, conception résiduelle, insistante et persistante, antérieure à la transformation civilisationnelle du principe de plaisir en principe de réalité. La mémoire est donc posée comme étant un savoir révolutionnaire, insurrectionnel,[144] un savoir sûr de l'ancestral et de l'essentiel qui doit ré-advenir. Ce savoir est en capacité de générer un retour du refoulé, une résurrection des premiers âges en lesquels le bonheur a été authentiquement expérimenté, puis refoulé sous la pression du principe de réalité ; c'est pourquoi la psychanalyse est fondamentalement un savoir subversif, et pourquoi la mémoire a « valeur de vérité ».

Nous devons toutefois étroitement associer l'imagination à la mémoire, en cette fonction de

---

144 « Si la mémoire se trouve au centre de la psychanalyse en tant que mode décisif de *connaissance*, c'est beaucoup plus qu'une invention thérapeutique ; le rôle thérapeutique de la mémoire découle de la *valeur de vérité* de la mémoire. Sa valeur de vérité réside dans la fonction spécifique de la mémoire qui est de conserver les promesses et les potentialités qui sont trahies et même mises hors la loi par l'individu adulte, civilisé, mais qui ont été jadis réalisées dans son passé obscur, ce qu'il n'oublie jamais complètement. Le principe de réalité réprime la fonction cognitive de la mémoire, le fait qu'elle renvoie à l'expérience passée de bonheur nourrit le désir de sa re-création consciente. La libération psychanalytique de la mémoire fait éclater la rationalité de l'individu réprimé. », Marcuse, 1963, p. 29.

résurrection de l'essentiel refoulé, en cette fonction de régénération de ce qu'il faut bien nommer une nature érotique de l'homme qui ne connaît pas encore *Anankê*. L'imagination est une faculté de médiation[145] et de synthèse, réminiscence partielle de la philosophie kantienne mais qui outrepasse le kantisme transcendantal par sa liaison intime de *la raison pure* (registre de la connaissance et de la science), de la *raison pratique* (registre de la morale), et de la *faculté de juger* (registre de l'esthétique), dimensions non intégrées chez Kant, mais intégrées chez Marcuse. Dans la philosophie de Marcuse, la connaissance est éthique et politique ; tout comme l'art est une éthique, une connaissance et une politique.

L'imagination marcusienne est *la faculté-reine*, qui possède *le pouvoir transcendantal majeur de synthèse* du présent et du passé, du conscient et de l'inconscient, du superficiel et du profond, de l'individuel et du collectif, du subjectif et de l'objectif, du sujet et de l'objet, de l'intérieur et de l'extérieur, « de la sensualité et de la raison », du « rétrospectif et de l'expectatif », du rêve et de la réalité (dans l'art), mémoire de l'indifférencié initial, de la fusion première, de l'unité originelle antérieure au *principium individuationis*. L'imagination est non seulement le pouvoir de créer, mais également le pouvoir de conserver, de reproduire, ainsi que de recréer et d'émanciper, car elle possède cette capacité mémorielle de conserver les images primordiales vitales pour l'espèce,

---

145 « L'imagination ne devient productive que si elle opère la médiation entre d'une part la sensibilité et, d'autre part, la raison théorique autant que pratique ; c'est alors qu'elle peut, dans cette harmonie des facultés (en laquelle Kant reconnaissait la marque de la liberté), diriger la reconstruction de la société. », Marcuse, 1969, p. 55.

les archétypes (réminiscence jungienne[146]) et les idées fondamentales pré-culturelles.

L'imaginaire est donc une mémoire archaïque des images premières, un conservatoire actif. L'imagination produit et promeut un monde, le monde hautement réel de l'imaginaire ; le monde du symbolique qui vient structurer le réel : « L'imaginaire joue un rôle extrêmement important dans la structure mentale : il lie les couches les plus profondes de l'inconscient aux produits supérieurs de la conscience (à l'art), le rêve à la réalité ; il garde les archétypes de l'espèce, les idées éternelles mais refoulées de la mémoire individuelle et collective, les images taboues de la liberté [...]. L'imagination conserve le souvenir du passé sub-historique de l'époque où la vie de l'individu était la vie de l'espèce, elle conserve l'image de l'unité immédiate entre l'universel et le particulier, sous le règne du principe de plaisir[147] ». L'imagination, nous dit Marcuse, est à la fois « une fiction » et « un savoir ». L'art est doté d'un « pouvoir rédempteur et réconciliateur. »

Dans le registre de cette dissidence de Marcuse à l'égard de Marx, signalons le statut supérieur, « la qualité transcendante de l'art », (de même la qualité transcendante de la philosophie) dans la sphère culturelle. Cet art n'est

---

146 Marcuse, tout en émettant des réserves sur ce qu'il nomme - reprenant en cela le reproche d'"occultisme" fait par Freud à Jung lors de l'entretien célèbre qui causa leur rupture - « ses tendances obscurantistes et réactionnaires », cite l'ouvrage de Jung, *Types psychologiques*, Genève 1950 : « Jung a insisté sur la valeur *cognitive* de l'imagination plus fortement que Freud. Selon lui, l'imagination est unie "de façon indiscernable" à toutes les autres fonctions mentales ; elle apparaît "tantôt être quelque chose de primordial, tantôt le produit dernier et les plus audacieux de la synthèse de tout le pouvoir." [...] Elle est la "mère de toutes les possibilités, dans laquelle monde intérieur et monde extérieur forment une unité vivante comme tous les contrastes psychologiques." », Marcuse, 1963, p. 141.

147 Marcuse, 1963, pp. 135-137.

pour Marx qu'une dimension de l'idéologie dominante sans valeur propre, alors que Marcuse insiste tout à l'inverse sur sa valeur libératoire, sur la puissance éminemment et potentiellement révolutionnaire de *la dimension esthétique*[148]. Elle est porteuse de valeurs hédonistes, insurrectionnelles au regard du conformisme, du positivisme, de l'utilitarisme et du productivisme inhérents au capitalisme. Sur le versant opposé à l'imagination, la mémoire, qui ressuscite le passé, n'est toutefois pas réactionnaire, mais possède elle aussi, une fonction subversive et progressive : « la régression assume une fonction progressive ». L'art est subversif en vertu du pouvoir anticipatif et transrationnel de l'imagination mise en action contre le principe de rationalité et de réalité. Le pouvoir régressif-progressif de la mémoire se conjoint alors à celui anticipatif-subversif de l'imagination. « La restauration de la mémoire s'accompagne de la restauration du contenu cognitif de l'imaginaire. »

Il en va de même pour la philosophie, que Marcuse remet à son tour sur ce qu'il estime être ses pieds, c'est-à-dire *en tête*, après que Marx ait prétendu la remettre lui aussi sur ses pieds, en renversant l'idéalisme en matérialisme, mais en réalité, en niant la philosophie en tant que philosophie. À l'inverse de Marx, qui est inscrit dans un paradigme matérialiste anti-métaphysique,

---

148 « J'essaie de réanimer le concept marxiste de la détermination de l'art par les relations de production, et de procéder à une critique radicale du concept d'art ou de littérature prolétarienne. Certes l'art est conditionné par les relations de production, mais il existe une transcendance dans l'art qui va au-delà de ce conditionnement et porte en elle la radicalité. C'est par la vertu de la qualité transcendante que l'art devient et reste antagoniste à la société établie. Les formes esthétiques contredisent et accusent les principes établis de la réalité. Je pense que les possibilités, les buts, les visions de l'art et de la littérature sont à préserver et à intégrer dans une pratique révolutionnaire. », Marcuse, journal *Libération*, interview effectuée par Philippe Gavi, La Jolla (Californie), les 3 et 4 janvier 1976.

Marcuse, inspiré par l'idéalisme platonicien, insiste sur le pouvoir révolutionnaire de la théorie et des idées. Notons toutefois que Marx reconnaît, dans une mesure toutefois limitée, *la puissance matérielle de la théorie*[149] ; mais dans son système, la puissance réelle appartient toujours à la sphère matérielle, et la philosophie ne peut en conséquence assurer, dans le meilleur des cas, qu'une fonction supplétive, alors que pour Marcuse elle est « première ». La philosophie, écrit-il, n'est « la première des sciences » que si « elle se met à la première place[150]. »

Dans sa *Contribution à la critique de la philosophie du droit de Hegel*, Marx envisage certes le rôle révolutionnaire qu'endosse parfois la philosophie, mais seulement lorsque celle-ci - rompant avec sa fonction traditionnelle de maintien de l'ordre établi - se met au service du prolétariat. Du point de vue de Marcuse, elle assure alors une fonction de service, se nie donc en tant que théorie libre, et se dissout à l'instant même où elle se réalise, pour devenir uniquement une pratique émancipatrice, et une collaboratrice de classe. Il en est de même de ce que l'on nomme *l'art révolutionnaire* qui cesse d'être libéral pour devenir mercenaire, n'étant plus dans son essence, comme le dit Kant, *une finalité sans fin.* La philosophie, elle aussi, cesse alors d'être philosophie, pensée libre, *épistémê*, pour devenir son opposé : une doctrine, un instrument de parti, un dogme, une *doxa*. Or l'essence de la philosophie réside précisément en sa liberté, en son indépendance absolue. La philosophie en tant que connaissance, est libératoire par essence, et non

---

149 « Il est évident que l'arme de la critique ne saurait remplacer la critique des armes ; la force matérielle ne peut être abattue que par la force matérielle ; mais la théorie se change, elle aussi, en force matérielle, dès qu'elle pénètre les masses. », Marx, 1975, p. 247.

150 Marcuse, 1969, p. 156.

par fonction ou par devoir ; elle est émancipatrice par conséquence, et non par but. Mais pour Marx, elle est populaire ou n'est pas : « De même que la philosophie trouve dans le prolétariat ses armes *matérielles*, le prolétariat trouve dans la philosophie ses armes *intellectuelles.* » Dans le même texte, il énonce toutefois clairement la prééminence de l'action sur la pensée, et la dissolution/accomplissement dialectique, de la pensée dans l'action : « vous ne pouvez supprimer la philosophie sans la réaliser. » Mais l'on peut préciser : vous ne pouvez la réaliser sans la supprimer.

3. Un combat théorique et pratique d'intellectuels pour la vérité

C'est sur ce point que je nomme *pouvoir de la vérité* - stratégique pour ce système marcusien unissant la dimension superstructurelle culturelle et la dimension psychosociale infrastructurelle *de l'homme* - que je focaliserai la fin de mon analyse. Je cernerai de la sorte ce qui constitue la spécificité de l'engagement de ce freudo-marxisme sur le versant des positions *libertaires*, et ce, en relative dissidence méthodologique révolutionnaire du Marx matérialiste seconde manière, en continuité en revanche par rapport aux thèses de Hegel. Il est en effet principalement question dans cette théorie critique, de *connaissance vraie*, de prise de conscience, de philosophie sociale, d'un *combat intellectuel et d'intellectuels pour la vérité*, d'un combat mené certes *par* une avant-garde éclairée, d'un combat conduit d'abord par quelques-uns, mais engagé *pour tous*, ce qui n'est pas sans nous évoquer à la fois « les plus fiers et les mieux inspirés » d'Étienne de La Boétie[151], mais également, pour la période récente, les « intellectuels organiques[152] » d'Antonio Gramsci.

Dans les deux cas est désignée une avant-garde éclairée, instruite par la Raison et par l'étude, agissant non pas matériellement mais idéologiquement, comprenant et exprimant par réflexion ce que ressent le peuple qui n'est pas encore en état de dire, ni encore de faire. Les hommes instruits constituant cette avant-garde mènent une lutte contre-idéologique, contre-culturelle, et contre-dominante, dirigée contre l'assujettissement et l'enfermement matériel collectif, mais aussi contre la clôture des consciences s'effectuant par verrouillage des inconscients. Nous

---

151 La Boétie, encore une fois présent comme fondation de cette scène libertaire, fait déjà référence à une avant-garde intellectuelle éclairée, et ce dès le XVI° siècle : « Toujours en est-il certains qui, plus fiers et mieux inspirés que les autres, sentent le poids du joug et ne peuvent s'empêcher de le secouer ; qui ne se soumettent jamais à la sujétion et qui, toujours et sans cesse (ainsi qu'Ulysse cherchant, par terre et par mer, à revoir la fumée de sa maison), n'ont garde d'oublier leurs droits naturels et s'empressent de les revendiquer en toute occasion. Ceux-là ayant l'entendement net et l'esprit clairvoyant, ne se contentent pas, comme les ignorants encroûtés, de voir ce qui est à leurs pieds, sans regarder ni derrière, ni devant ; ils rappellent au contraire les choses passées pour juger plus sainement le présent et prévoir l'avenir. Ce sont ceux qui ayant d'eux-mêmes l'esprit droit, l'ont encore rectifié par l'étude et le savoir. Ceux-là, quand la liberté serait entièrement perdue et bannie de ce monde, l'y ramènerait ; car la sentant vivement, l'ayant savourée et conservant son germe en leur esprit, la servitude ne pourrait jamais les séduire, pour si bien qu'on l'accoutrât. », La Boétie, 2002, pp. 28-29.

152 « D'ailleurs l'unité organique de la pensée et la solidité culturelle n'étaient possibles que si entre les intellectuels et les simples avait existé la même unité que celle qui doit unir théorie et pratique, c'est-à-dire à la condition que les intellectuels eussent été les intellectuels organiques de ces masses, qu'ils eussent élaboré et rendu cohérents les principes et les problèmes que ces masses posaient par leur activité pratique, et cela par la constitution d'un bloc culturel et social. » Et plus loin : « Un des traits caractéristiques les plus importants de chaque groupe qui cherche à atteindre le pouvoir est la lutte qu'il mène pour assimiler et conquérir « idéologiquement » les intellectuels traditionnels, assimilation et conquête qui sont d'autant plus rapides et efficaces que ce groupe donné élabore davantage, en même temps, ses intellectuels organiques. », Gramsci, p. 78 et 146.

sommes ici dans la ligne offensive affirmée par Marx dans son texte de 1843, *Contribution à la critique de la philosophie du droit de Hegel* : « Il faut rendre l'oppression réelle plus dure encore en y ajoutant la conscience de l'oppression. » Notons aussi cette autre formule radicale : « En lutte contre cet état social, la critique n'est pas une passion de la tête, mais la tête de la passion. Elle n'est pas un bistouri, mais une arme. Son objet, c'est son *ennemi*, qu'elle veut, non pas réfuter, mais *anéantir*. Car l'esprit de cet état social a été réfuté. En soi et pour soi, cet état ne constitue pas d'objet *qui mérite notre attention*, et c'est quelque chose d'aussi méprisable que méprisé. La critique en soi n'a pas besoin de se fatiguer à comprendre cet objet, puisqu'elle l'a bien saisi depuis longtemps. Elle ne se donne pas comme un *but absolu*, mais uniquement comme un *moyen*. C'est *l'indignation* qui fait l'essence de son style pathétique, c'est la *dénonciation* qui constitue le plus clair de sa besogne. »

Le risque auquel est soumise cette avant-garde intellectuelle éclairée - et qui est aussi sa tentation et sa pente naturelle - est de vouloir sortir de son rôle de conseil, du *conseillisme*, pour s'instituer en partie, et gouverner au nom de la classe ouvrière, ce qui serait reconstruire la prison que l'on s'efforce de démolir et activer la logique dégénérative de toute révolution, finissant par s'institutionnaliser et reconstituer l'oppression qu'elle prétendit supprimer. Il s'agit de la tentation dite *substitutionniste* qui consiste en la substitution du pouvoir du parti au pouvoir de la classe révolutionnaire, puis de la substitution du pouvoir de la direction bureaucratique du parti, à la direction du parti lui-même, ce qui s'achève en bureaucratie totalitaire.

Il faut donc d'abord, « avant », libérer les consciences et les inconscients. « Il devient primordial de développer la conscience et les besoins de l'individu. [...] Le changement radical de la conscience devient le début, le premier pas vers le changement de l'existence sociale, vers l'apparition du nouveau Sujet. Du point de vue historique, nous nous trouvons de nouveau dans une "période de Lumières", qui précède un changement historique[153]. »

En conséquence, la *nouvelle révolution* prônée par cette *nouvelle gauche*[154] (récusant à la fois le capitalisme de la société industrielle avancée, le stalinisme, l'anarchisme ainsi que les partis autoritaires et bureaucratiques qui se substituent à la volonté du peuple : léninistes, trotskystes, maoïstes, etc.), est fondamentalement une *révolution culturelle* et une *révolution permanente* (qui n'est toutefois ni trotskiste, ni maoïste), une révolution des consciences, une *révolution intérieure et antérieure* à la révolution politique matérielle effective (voir l'exergue). « Le mouvement prit dès le

---

153 Marcuse, 1969, pp. 74-75.

154 « La Nouvelle gauche est empreinte d'une forte répulsion envers la politique traditionnelle ; envers tout le système des partis, groupes de pression de tous niveaux, envers la participation à ce système et à ces méthodes [...] la structure de pouvoir a mis sur pied un processus démocratique, mais il est à tel point discrédité qu'on ne peut en extraire un seul élément qui ne soit contaminé. », *Ibid.*, pp. 86-87.

« D'abord elle n'est pas, exception faite de quelques petits groupes, marxiste ou socialiste orthodoxe. Elle se caractérise plutôt par la profonde méfiance qu'elle nourrit à l'égard de toute idéologie, fût-ce l'idéologie socialiste, par laquelle on se croit vaguement trahi et dont on est déçu. En outre la nouvelle gauche, à l'exception de quelques petits groupes encore une fois, n'est pas fixée sur la classe ouvrière en tant que classe révolutionnaire. Elle ne saurait au surplus absolument pas se définir en terme de classe. Elle se compose d'intellectuels, de groupes appartenant au mouvement des droits civiques. [...] Elle doit représenter un cauchemar pour les Vieux-Marxistes. », Marcuse, 1968a, p. 42.

début la forme d'une "révolution culturelle". [...] L'autonomie par opposition à l'organisation bureaucratique-autoritaire[155]. »

C'est précisément sur cette conscience de soi, sur cette conscientisation, sur cette intériorité et cette subjectivité négligées et dévalorisées par Marx - mobilisant son matérialisme pour stigmatiser l'idéalisme et l'individualisme bourgeois - que Marcuse fait précisément porter ses analyses psychanalytiques, politiques et sociales à la fois, estimant d'une certaine façon - à rebours de l'orthodoxie matérialiste marxiste - qu'une révolution dans l'infrastructure de l'homme, s'originant en une critique, révolutionnant les superstructures culturelles et les visions du monde idéologiquement accréditées, finira par déstabiliser et révolutionner les infrastructures sociales et les modes de vie. Marcuse procède à une revalorisation de la conscience, des idées et fondamentalement de la connaissance qui redevient dès lors - dans la grande tradition de l'esprit de la Renaissance et des Lumières - un moteur de l'histoire. À Marx qui affirme dans *L'idéologie allemande* que « ce n'est pas la conscience qui détermine la vie, mais la vie qui détermine la conscience[156] », Marcuse pourrait répondre : la vie commence certes par déterminer historiquement en grande part la conscience, mais une nouvelle conscience désaliénée, réveillée et libérée par la vertu de la théorie critique - par ce que Marx nomme péjorativement une « critique intellectuelle[157] » -

---

155 Marcuse, 1976, pp. 16-17.

156 Marx, 1966, p. 37.

157 « La conception de l'histoire », et par voie de conséquence la conception de la Révolution *idéaliste*, et plus précisément *intellectualiste*, développée par Marcuse est à l'évidence à l'opposé de celle, *matérialiste et concrète* de Marx, car selon ce dernier « elle [la conception de l'histoire] n'explique pas la pratique d'après l'idée, elle explique la formation des idées d'après la pratique matérielle ; elle arrive par conséquent à ce résultat, que

peut en retour libérer la vie, modifier les déterminations sociales en acte, et comme le dit encore Marx « renverser les rapports sociaux. » Ce renversement, qui est d'abord pour Marx un renversement « pratique », est pour Marcuse un renversement théorique, qui se fait pratique politique et sociale. La *theoria* devient *praxis*. L'on pourrait nommer cela une *pratique théorique*. Nous trouvons également chez Max Horkheimer cette idée qu'il faut opérer un renversement de la posture positiviste du matérialisme. « Le matérialisme partage avec le positivisme la reconnaissance, comme seule réalité, de ce qui est attesté par l'expérience sensible. Depuis qu'il existe, il implique le sensualisme. [...] Le matérialisme s'en est tenu tout au long de son histoire à cette théorie de la connaissance. Il s'en sert comme d'une arme critique contre les conceptions dogmatiques : toute affirmation doit pouvoir être confirmée par l'expérience sensible[158]. »

---

toutes les formes et produits de la conscience peuvent être résolus non pas grâce à la critique intellectuelle, par la réduction à la "conscience de soi" ou la métamorphose en "revenants", en "fantômes", en "obsessions", etc., mais uniquement par le renversement pratique des rapports sociaux concrets d'où sont nées ces sornettes idéalistes. Ce n'est pas la critique, mais la révolution qui est la force motrice de l'histoire, de la religion, de la philosophie et de toute autre théorie. », Marx et Engels, 1965, p. 26.

158 Horkheimer, 1974, pp. 128-129.

CHAPITRE IV

DÉPASSER LES OBSTACLES

1. Quelle Libération possible hors de la « démocratie totalitaire » ?

La connaissance authentique et sa distribution sociale très restreinte, l'ignorance et sa distribution sociale majoritaire soigneusement entretenue, constituent des enjeux politiques majeurs. Les concepts, les mots d'ordre, les slogans, les injonctions à penser et à ressentir, en usage dans une société, sont des armes stratégiques de contrôle des consciences et des conduites. Il faut promouvoir une *contre-culture* et des *contre-concepts* pour lutter contre la rhétorique de cette démocratie économique et marchande, qui consolide la domination en neutralisant toute contestation. Car il s'agit d'une démocratie bien particulière que j'ai nommée en l'un de mes ouvrages[159] une *démocratie disciplinaire*. Elle nous donne l'illusion de posséder un pouvoir de décision, qui est en réalité une soumission volontaire ; elle consolide la dépendance de ses adeptes à des valeurs factices (liberté, égalité, fraternité), en vue de promouvoir la rentabilité et la productivité. « Le fait de pouvoir élire librement des maîtres ne supprime ni les maîtres ni les esclaves[160]. » Et

---

[159]Farrugia, 2005.

[160] Marcuse, 1968b, p. 33.

« si par démocratie on entend que des individus libres se gouvernent eux-mêmes et ont également accès à la justice, alors la réalisation de la démocratie passe par l'abolition de la pseudo-démocratie existante[161]. » Marcuse, pour sa part, emploie pour désigner cette *fausse démocratie,* l'expression « démocratie totalitaire[162] ». Cette pseudo-démocratie se caractérise par le fait qu'« elle ne se sert pas de la terreur, mais de l'intériorisation des mécanismes d'intégration[163]. » Elle se maintient par une « tolérance répressive » qui neutralise toute mise en cause radicale en banalisant les points de vue divergents, les autorisant et les relativisant tous, obligeant même à une tolérance généralisée, y compris de l'inacceptable. Cette tolérance répressive est d'autant plus efficace qu'elle se conjugue avec une « contre-révolution préventive[164] » afin de maintenir le système établi.

Il ne s'agit plus maintenant, pour sortir de ce régime politique démocratique[165] bien particulier - qui se sert de la satisfaction consumériste et de la bonne conscience faussement humaniste et faussement égalitariste pour perdurer - de convoquer ce que Marcuse nomme

---

161 Marcuse, 1969, p. 90.

162 « Un des facteurs décisifs de la société actuelle, à savoir la différence entre la terreur et la démocratie totalitaire, qui elle ne se sert pas de la terreur, mais de l'intériorisation, des mécanismes d'intégration. », Marcuse, 1968a, p. 22.

163 I*bid.*, p. 22.

164 Marcuse, 1976, p. 28.

165 « La démocratie, elle aussi en dépit de ses progrès techniques, maintient la société à son niveau actuel, elle aussi travaille contre les formes nouvelles et historiquement possibles de la liberté. En ce sens, sa rationalité est elle aussi régressive, même si les moyens dont elle use sont plus doux et impliquent moins de souffrance : les méthodes employées ne doivent pas nous faire perdre de vue qu'ici aussi on fait jouer la liberté contre son propre accomplissement, et la réalité contre les possibilités qu'elle recèle. », Marcuse, 1970, p. 341.

« l'humanisme socialiste » du jeune Marx, trop sujet à récupération par le capitalisme. Il faut au contraire en appeler au « radicalisme de la Nouvelle Gauche », caractérisé par « une violente solidarité[166] dans la défense », solidarité contre la puissance technique et idéologique du capitalisme. Quant à définir la nouvelle forme d'organisation non répressive alternative à cette fausse démocratie vendant un bonheur à crédit, cela est impossible *a priori*. Marcuse énonce tout de même les institutions transcendantales de toute Libération potentielle, conditions nécessaires, toutefois non suffisantes : « propriété collective, contrôle et planification collectifs des modes de production et de la répartition des ressources[167]. » Toutefois, cette Libération envisagée dans un esprit libertaire est d'autant plus compliquée à réaliser qu'« aucune expérience de Libération individuelle ou de groupe ne peut échapper à la contamination du système même qu'elle combat[168]. »

Cette question de l'avènement et de l'institution d'une nouvelle forme de vie libérée, post-capitaliste, est récurrente dans les questions qui ont été posées de toute part à Marcuse ; en particulier la question du passage de l'ancienne société à la nouvelle. « On nous demandera encore de définir *l'alternative concrète*. Si on s'attend à une description précise des institutions spécifiques et des relations qui seront celles de la société nouvelle, c'est là une absurdité : il est impossible de les déterminer *a priori* ; elles se constitueront suivant la méthode des essais

---

166 « Bien plus que de *l'humanisme socialiste* du jeune Marx, c'est de cette violente solidarité dans la défense, de ce socialisme élémentaire dans l'action, que le radicalisme de la Nouvelle Gauche a tiré sa forme et sa substance. », Marcuse, 1969, p. 108.

167 *Ibid.*, p. 115.

168 Marcuse, 1973, p. 71.

et erreurs, au cours même du développement de la nouvelle société[169]. » Nous pouvons résumer sa réponse en restituant la métaphore à laquelle il eut recours lors d'une conférence tenue en juillet 1967 devant les étudiants et les professeurs de l'Université libre de Berlin-Ouest : « Si l'on veut construire une maison à la place d'une prison, il faut d'abord démolir la prison, sinon on ne peut même pas commencer à construire la maison[170]. »

Le modèle politique de la *rédemption*, qui irrigue la pensée libertaire de Marcuse, n'est pas celui de la condition de l'homme à « l'état de nature », mais, comme pour Rousseau, celui de l'homme à « l'état sauvage ». La fameuse bonté naturelle ressortit de cet état-là, et Rousseau, voulant fonder empiriquement sa théorie du bon lien social, se réclame des récits ethnologiques de son temps : « L'exemple des sauvages qu'on a presque tous trouvés à ce point semble confirmer que le genre humain était fait pour y rester toujours, que cet état est la véritable jeunesse du monde, et que tous les progrès ultérieurs ont été en apparence autant de pas vers la perfection de l'individu, et en effet vers la décrépitude de l'espèce[171]. » Nous sommes ici en présence d'une vision de l'histoire de l'humanité en quelque manière *déclinologique.* Elle va cependant appeler son contraire, à savoir une vision politique optimiste et *progressiste*, un engagement en faveur de la restauration par le « contrat social » de la bonne situation sociale initiale pré-contractuelle perdue, une réactivation à un étage politique supérieur, de la sauvagerie bienheureuse dégradée en état de guerre de tous contre tous, mais initialement éprouvée dans la simplicité et la naïveté pré-politique de la vie

[169] Marcuse, 1969, p. 115.

[170] Marcuse, 1968a, p. 86.

[171] Rousseau, 1971.

communautaire primitive. Cette sauvagerie, cet « état sauvage » perdu est pour Rousseau bien évidemment le contraire de « l'état barbare ». Il faut donc retrouver la bonne nature, par l'artifice du contrat social restaurateur et rédempteur. C'est un mouvement dialectique signalé comme tel par Engels : « Même la conception de l'histoire de Rousseau : égalité primitive - perversion par l'inégalité - instauration de l'égalité à un niveau supérieur - est négation de la négation[172]. »

Marcuse, en sa théorie de l'histoire héritée du marxisme et de Hegel - tout comme Marx et Engels - est héritier de Rousseau. Ils se situent sur ce versant optimiste - puisque révolutionnaire - et utopique de l'histoire, visant à la fin du processus, à une restauration du bonheur collectif initialement présent dans la vie communautaire comprise comme communisme primitif spontané. Par la vertu de cette entreprise rédemptrice, la fin doit retrouver le commencement et l'Absolu redevenir Sujet. Il s'agit toujours de la même *apokatastase* politique fortement imprégnée de la vision *eschatologique* chrétienne. De céleste, le paradis doit devenir terrestre. Mais pour ce faire il ne suffit pas de laisser faire, mais tout à l'inverse, de lutter pour inverser le processus de dégénération du lien social initié par l'entrée des collectivités humaines dans l'économie capitaliste et la gouvernance technique, qui ont artificialisé et déshumanisé les rapports humains. Remarquons qu'il ne s'agit, ni pour Rousseau, ni pour Marcuse, ni pour Marx, de légitimer le progrès en cours, mais tout à l'inverse de dénoncer ce faux progrès qui est de fait une régression, de le remplacer par un vrai progrès, de promouvoir ce que je nommerai un *contre-progrès apokastasique*.

---

172 Engels, 1972, p. 49.

Comment Marcuse en est-il venu à adopter de telles positions fortement marquées d'idéalisme classique et d'utopisme ? Selon son propre récit, son itinéraire intellectuel est structuré par des événements historiques majeurs : « Après la défaite de la révolution en Allemagne, j'ai cherché à comprendre, avec l'aide de Marx et de Freud, ce qui s'était passé : la destruction et la violence contre-révolutionnaires ; la SA, les SS ; les raisons pour lesquelles une révolution qui paraissait nécessaire n'avait pas été prise en charge par les masses[173]. » Il explique qu'en 1923 il s'adonnait à la lecture des marxistes critiques du stalinisme : Korsch et Lukacs, privilégiant le jeune Marx. Le but recherché était précise-t-il « surtout l'émancipation radicale de l'homme - de ses sens, de sa sensibilité - et la révolutionnarisation tant de sa conscience que de son inconscient[174]. » Il ajoute - prenant en cela le contre-pied du matérialisme historique strict - que le marxisme avait oublié de prendre en considération quelque chose de fondamental, à savoir la nécessité pré-révolutionnaire d'un « changement radical dans la conscience et dans l'inconscient des individus. »

C'est donc dans cette dimension idéationnelle touchant à « la structure de l'homme », concernant donc cette sphère essentielle négligée par Marx, à savoir la psychologie, non pas la psychologie positiviste - celle que nous nommerions maintenant cognitiviste, qui renforce la conception désincarnée mécanique et instrumentale de la vie psychique d'*un homme qui n'est personne* - mais la psychologie de l'inconscient, celle qui prend en considération les affects et les pulsions d'un homme réel, d'*un homme qui est quelqu'un*, qui a une histoire, une

---

173 Marcuse, entretien du *Nouvel Observateur*, le 8 janvier 1973.

174 *Ibid.*

famille, des relations sociales et un environnement, car c'est à ce niveau que se joue la construction politique et idéologique de la structure de l'homme, et c'est cette structure qu'il faut réformer. C'est donc la prise en considération de la dimension émotionnelle et idéationnelle de l'humain, qui doit guider le combat pour la Libération. Il faut changer le mode d'expérimentation de la réalité et développer la dimension esthétique et le pouvoir de l'imagination.

2. Une inversion des valeurs et une *praxis* collective

Cette Libération qui n'est pas au sens strict une révolution mais bien plutôt une subversion, *une inversion des valeurs*, peut se définir ainsi : « l'expérience de la joie sans culpabilité, de la vie sans renoncement, de la victoire de la solidarité sur l'égoïsme, tout cela équivaut à un rejet et à une subversion de la morale vitale du capitalisme[175]. » C'est donc dans la sphère de l'idéologie, dans l'univers des représentations et des expériences de vie, dans *l'Erfharung* et non dans *l'Experiment*, que doit se mener la lutte, sur le terrain des représentations, des émotions, des sentiments et des affects. Il faut abandonner et disqualifier les valeurs fondatrices du capitalisme : « l'âpreté, la compétition, l'agressivité, la virilité, l'auto-affirmation, etc. » Ce qui impose un programme émancipatoire capable d'élever le niveau de conscience des masses.

Cette posture définit ce qu'il nomme lui-même, nous l'avons vu, « la Gauche Nouvelle », qui ne peut efficacement lutter contre « la concentration des forces de répression » qu'en érigeant des formes décentralisées et

---

175 *Ibid.*

disséminées de résistance, plutôt que des partis organisés et bureaucratisés confisquant le pouvoir au nom du peuple. Il évoque alors ce que l'on peut nommer la démocratie directe : les « conseils ouvriers » (rappelant les *soviets* de Russie), les « conseils de quartier », les « conseils d'étudiants », de « techniciens », de « femmes », toutes formes de résistance et de revendication qui devront se rassembler, et qui nous évoquent les *coordinations* actuelles présentes dans les mouvements de contestation, se substituant la plupart du temps aux syndicats et aux partis politiques traditionnels.

Marcuse toutefois, en ce projet révolutionnaire, nouvelle manière, prend ses distances avec l'idée léniniste d'une avant-garde autoproclamée. Il avance tout de même la nécessité d'une activité éducatrice (*Aufklärung*), émanant d'une *avant-garde intellectuelle*. Elle ne saurait toutefois jamais se confondre avec le rôle recteur d'un parti. La marge de manœuvre est ici étroite, entre régime autoritaire et régime libertaire. La résistance n'est pas pour lui le fait d'une élite, mais d'individus et de groupes éduqués (d'où le rôle toujours central des étudiants, en marge de l'appareil de production, donc libres) conscients et responsables. On ne peut que noter l'actualité de Marcuse sur ces questions stratégiques de la lutte et de la résistance, et particulièrement du rôle des universités. En effet, et nous retrouvons une fois encore en ces propos l'inspiration rousseauiste, « il existe un droit naturel de résistance pour ceux qui ne peuvent plus supporter un ordre de répression inhumaine, de destructions inhumaines[176]. »

---

176 *Ibid.*

Ce faisant, s'affrontent dans le champ des théories politiques - qui est un champ de bataille idéologique - non pas une conception historique, qui serait d'un côté *rationnelle* et *réaliste*, et de l'autre, une conception révolutionnaire non-historique, qualifiée d'*utopique*[177] et d'*irrationnelle* par le pouvoir établi. Plus fondamentalement, s'affrontent deux conceptions de l'histoire contradictoires, porteuses de deux anthropologies opposées (compétitive ou bien coopérative), symptomatiques d'intérêts divergents et de luttes continues pour la défense de ces intérêts. L'histoire est le lieu de ces affrontements incessants. Dans la perspective de Marcuse, elle est le produit d'une *praxis collective* que seule une *logique dialectique* peut appréhender en son essence. C'est cette logique dialectique, cette dialectique des Lumières - transcendant par sa bidimensionnalité (distinction du Vrai et du Faux) la logique formelle, positiviste, moniste (le réel seul est Vrai) et collaborationniste, en accord avec la domination et la répression en cours - qui permet que la philosophie critique « appréhende le monde comme un univers *historique* où les faits établis sont l'œuvre de la praxis historique de l'homme. C'est cette praxis (intellectuelle et matérielle) qui est la réalité à atteindre dans les données de l'expérience, celle que la logique dialectique appréhende[178]. »

---

[177] « L'adjectif "utopique" ne désigne plus ce qui n'a "pas de place", ne peut pas avoir de place, dans l'univers historique, mais plutôt ce à quoi la puissance des sociétés établies interdit de voir le jour. Les forces techniques et technologiques du capitalisme et du socialisme avancés recèlent des possibilités qui sont proprement utopiques : par une utilisation massive de ces forces, on pourrait venir à bout, et dans un avenir tout à fait prévisible, de la misère et de la pénurie. », Marcuse, 1969, p. 12.

[178] Marcuse, 1968b, p. 165.

L'histoire est le résultat instable, la concrétion d'une lutte idéologique toujours en cours, la cristallisation d'un rapport de forces qui n'a pour l'instant pas encore tourné en faveur des dominés. Il ne faut pas tomber dans la conception matérialiste téléologique marxiste de l'histoire, somme toute optimiste, anticipant la fin du capitalisme comme nécessaire, comme inscrite dialectiquement dans la logique même d'un système voué à l'autodestruction par ses contradictions internes. L'histoire n'est pas non plus conçue mécaniquement par Marcuse, comme ce qui cautionne et confère *de facto* épaisseur et légitimité à des associations, organisations, corporations, hiérarchies, inégalitaires et déshumanisantes. Elle est pensée comme le lieu ordinaire transitoire et provisoire (jusqu'à la Libération) de constitution de l'illusion idéologique, qui est en fin de compte toujours le mécanisme par lequel s'effectue le travestissement de l'artifice en nature, de l'irrationalité en Raison, du mensonge en vérité. Le capitalisme développant des stratégies de résistance et d'intégration infinies de ses contestations, il ne faut pas espérer son extinction prochaine. Il vit, se nourrit de ses crises et des guerres qu'il génère. La lutte doit être permanente et son issue n'est en rien certaine. L'histoire du négatif s'affronte continûment à l'histoire contre-révolutionnaire qui est l'histoire positiviste.

C'est contre cette histoire positiviste, faitaliste, acceptante des dominations en cours que la *pensée libertaire* de Marcuse - mobilisant le pouvoir de la vérité[179] - engage une lutte de démystification et

---

179 « Conduire l'existence à la vérité, c'est changer *réellement* l'existence dans la concrétude, et non pas seulement changer (en surface) ses formes et ses structures effectives (formes de vie, de culture, au sens usuel de ces mots) ; c'est changer la manière d'exister elle-même qui est à la base de toutes ces formes. », Marcuse, 1969, p. 150.

d'émancipation sans assurance aucune d'une victoire. Mais c'est une guérilla qui est menée. Et c'est la Raison qui mène la lutte contre « l'organisation administrative de la pensée », « l'empirisme *pur* », « le positivisme », « le mensonge », « l'ignorance », « la violence », « l'oppression », et « l'exploitation. » La tâche est difficile car il faut remonter le courant du sens commun, s'affronter à une logique de l'évidence, lutter même contre « le rationnel qui est devenu le support le plus efficace de la mystification. [...] Dans la routine journalière de la maison, du magasin, du bureau, la magie et la sorcellerie opèrent, on se laisse aller à l'extase et les réussites rationnelles masquent l'irrationalité de l'ensemble du système[180]. »

Le problème du changement de la société est donc un problème permanent et jamais résolu. Ce changement doit s'appuyer sur un « refus total » et « une contestation permanente ». Nous rencontrons ici ce qui est en réalité pour Marcuse le moteur même de l'histoire, à savoir non pas comme dans l'orthodoxie marxiste, le changement matériel de la société comme condition préalable au changement des consciences et des rapports sociaux, mais bien plutôt la modification préalable de ce que l'on peut nommer les formes de conscience et de sensibilité. La lutte idéologique passe ici au premier plan, indication claire qu'il ne s'agit plus d'une posture révolutionnaire matérialiste au sens strict, mais qu'il s'agit d'une posture libertaire ayant intégré la part nécessaire d'utopie[181] indispensable à la subversion des valeurs. « Il ne s'agit pas seulement de changer les institutions mais plutôt, et c'est plus important, de changer totalement les hommes dans

---

[180] Marcuse, 1968b, p. 213.

[181] « La liberté n'est concevable que comme la réalisation de ce que nous traitons encore aujourd'hui d'*utopie*. », Marcuse, 1968b, p. 18.

leurs attitudes, dans leurs instincts, dans leurs buts, dans leurs valeurs, etc.[182]. »

Il s'agit donc bien d'un changement qualitatif devant s'attaquer à la « nature », « aux fondements mêmes de l'acceptation et du refoulement », à « l'infrastructure de l'homme », « il faudrait qu'elle se situe hors de l'ordre établi, le refuse en bloc, et se propose une transmutation radicale des valeurs[183]. » Cette injonction évoque *Die Umwertung aller Werte*, la transvaluation nietzschéenne des valeurs, et n'est en tout cas pas marxiste, en ce sens que ce changement des consciences est posé non pas comme consécutif à un changement matériel, mais comme « une des conditions préalables de la révolution[184] ». Marcuse cite d'ailleurs l'aphorisme 275 du *Gai savoir* et le commente dans son analyse des *Fondements biologiques du socialisme* : « "*Quelle est la marque de la liberté réalisée ?* Ne plus rougir de soi. " La raison de ces hommes et de ces femmes se modèlerait sur leur imagination, et le processus de production tendrait à devenir un processus de création[185] ». Ce travail de *transvaluation des valeurs* doit être confié à ce qu'il nomme une avant-garde qui, comme je l'ai précisé, doit avoir pour mission d'augmenter le niveau de conscience des masses. La Libération passe par l'éducation, par l'émancipation intellectuelle.

---

182 Marcuse, entretien de *L'Express*, septembre 1968.

183 Marcuse, 1969, pp. 24-25.

184 Marcuse, *Une volonté politique révolutionnaire*, Un entretien du *Nouvel Observateur*, le 8 janvier 1973.

185 Marcuse, 1969, p. 35.

3. La voie de la Libération
Un gauchisme libertaire ni spontanéiste ni anarchiste

Marcuse met prioritairement et régulièrement l'accent sur les superstructures sociales : culture de masse, savoirs ordinaires, mais aussi savoirs savants, et ce, en distanciation du marxisme seconde manière qui, remettant la philosophie idéaliste sur ses pieds, stigmatise l'utopisme et privilégie les infrastructures en tant que réalités déterminantes des formes de conscience collectives. Grâce à son intégration des acquis de la psychanalyse, grâce à sa psychologie politique, Marcuse lui, met en évidence le pouvoir de l'idéologie, de l'imaginaire et des représentations. Ces réalités d'un autre ordre que matériel sont des composantes *d'une autre infrastructure,* qui n'est pas économique mais *anthropologique* : « l'infrastructure de l'homme » : ses pulsions sublimées et refoulées, ses plaisirs fabriqués, ses aspirations disciplinées, ses émotions contrôlées, ses désirs formatés, ses idéaux. Mais compte tenu de cette épistémologie et de cette anthropologie, qu'en est-il de *sa posture politique* ?

Dans l'entretien publié en janvier 1973 dans *Le Nouvel Observateur*, il récuse le qualificatif de *spontanéiste* et dénie en être le père : « On a prétendu que j'étais le père du « spontanéisme » ; on m'a accusé de voir dans le sous-prolétariat et dans les étudiants la force révolutionnaire décisive. Ce sont des stupidités. La spontanéité n'est pas révolutionnaire par elle-même. Elle peut être réactionnaire : elle peut résulter de l'introjection de besoins façonnés dans l'intérêt de l'ordre établi[186] ». La spontanéité doit être éduquée.

---

[186] Herbert Marcuse, entretien du *Nouvel Observateur*, 1973.

Le spontanéisme est l'une des composantes politiques attribuées au mouvement de Rosa Luxembourg et de Karl Liebknecht, fondateurs du mouvement spartakiste - au sein duquel milita Marcuse - fondateurs dont il rappelle que les assassinats ont été un événement déclencheur de sa nouvelle position politique, confirmant ses doutes concernant la social-démocratie, « car ce sont bien les sociaux-démocrates qui sont responsables de ces deux assassinats[187] ». Le spontanéisme est également présent dans la théorie de Bakounine (adversaire de Marx au sein de la Première Internationale), connu entre autres pour son ouvrage *La révolte spontanée*. Il y défendait l'autogestion contre la bureaucratie de l'État et fut le promoteur d'un socialisme libertaire. Appartenant à la gauche hégélienne, il développa lui aussi cette idée dialectique du *pouvoir du négatif*, cette négativité étant à même de détruire l'état de chose existant. L'on voit bien à quel point cette idée hégélienne de la puissance du négatif nourrit également les thèses de Marcuse. Mais Bakounine pousse cette négativité à son terme extrême dans la logique de l'anarchisme, voulant totalement détruire l'état de choses existant, ce qui n'est nullement le cas de Marcuse qui ne se dit pas spontanéiste, parce qu'il croit en la nécessité préalable d'une pédagogie des masses, et qu'il faut organiser la spontanéité lorsqu'elle se manifeste, étant susceptible d'orientations antagonistes : révolution ou réaction, car « les désirs et aspirations individuels ne sont pas immédiatement politiques… ».

Marcuse ne se dit pas non plus anarchiste, bien qu'il défende l'idée d'« une organisation sans les "chefs" des anciens partis ou gouvernements politiques », pas anarchiste donc, parce qu'il ne pense pas que l'anarchisme

---

187 *Idem.*

soit un but et une solution en lui-même, mais seulement une composante d'un processus révolutionnaire plus large et plus organisé. « Je crois seulement que l'élément anarchiste est une force très puissante et très progressiste. Et qu'il faut préserver cet élément comme un des facteurs d'un processus plus large et plus structuré[188] ».

Souvenons-nous que dans le contexte de cet entretien datant de 1973, le terme *spontanéiste* renvoie à l'actualité, à des organisations *gauchistes* faisant partie de ce mouvement de mai 1968, qui en certains de ses groupuscules, revendiquait souvent la spontanéité dans ses actions contestataires. Ce terme est évidemment aussi une référence à la *Gauche prolétarienne,* à ceux que l'on appela les Mao-Spontex, en référence aux actions dites spontanéistes qu'ils menaient. Il s'agissait d'une organisation maoïste se réclamant du mouvement du 22 mars, ainsi que de l'anarchisme, tout en intégrant de manière paradoxale une composante autoritaire. Marcuse prend également nettement ses distances avec le maoïsme, comme en témoignent les propos de l'interview[189] qu'il accorda à Pierre Viansson-Ponté en 1969. Il ne comprend

---

[188] Marcuse, entretien de *L'Express*, 1968.

[189] « Q. You have been bracketed with Marx and Mao. When people talk of the "Three M's" what is your reaction ?

Marcuse I do not understand. Marx ? I have studied his work deeply. But Mao ? Certainly today every Marxist who is not a communist of strict obedience is a Maoist. I have always thought there was an alternative, and in my books I have not kept to the old Marxist ideology. Socialist societies as they are set up today do not seem to me what I call "qualitatively different" from other capitalist societies. They allow one type of domination to exist instead of another ; that is all. True socialism is something else again. I am convinced that it is possible from now on to construct a truly socialist society without going through a Stalinist type period. A socialist society must be founded on true solidarity, on true cooperation : the Cuban revolution seems to me to be moving in that direction. As for "Che", he was the symbol of it, very far from the Stalinist bureaucrats, very near to socialist man. », journal *Le Monde*, 1969.

pas pourquoi on l'a associé à Mao. Le journaliste fait ici référence aux trois « M » qui étaient évoqués en 1968 : Marx, Mao, Marcuse. En ce qui concerne Marx, il reconnaît l'avoir étudié en profondeur. Mais Mao ? Les sociétés socialistes d'aujourd'hui ne lui semblent pas « qualitativement différentes » des sociétés capitalistes, en ce qu'elles perpétuent toujours une domination, remplaçant un type de domination par un autre. Le « vrai socialisme » est quelque chose d'autre. Il se dit convaincu qu'il est actuellement possible de construire une société authentiquement socialiste sans pour autant revenir au stalinisme. Une telle société doit se fonder sur une « vraie solidarité » et une « vraie coopération ». Marcuse, pour finir, évoque l'exemple de la révolution cubaine qui lui semble s'orienter dans cette direction. La figure du « Che » est très éloignée des bureaucrates staliniens, et très proche de l'homme socialiste.

Marcuse donc, n'est pas maoïste ; et bien que libertaire, ne se reconnaît pas non plus anarchiste. « Non, je ne suis pas anarchiste parce que je ne peux pas imaginer comment on peut combattre une société qui est mobilisée et organisée dans sa totalité contre tout mouvement révolutionnaire, contre toute opposition effective, je ne vois pas comment on peut combattre une telle société, une telle force concentrée, force militaire, force policière, etc., sans aucune organisation. Ça ne marche pas[190]. » En dépit des critiques émises par les communistes, et plus particulièrement par Lénine, concernant le gauchisme considéré par lui comme une manifestation de petits bourgeois, dans son ouvrage de 1920, intitulé *La maladie infantile du communisme (le gauchisme)*, Marcuse, lui, le défend.

---

190 *Idem.*

Rappelons la méfiance de Lénine à l'égard des intellectuels qu'il souhaitait neutraliser en les enrôlant dans le Parti, se défiant de leur propension à l'anarchisme. En 1905, dans un article intitulé *L'organisation du parti et la littérature de parti,* il écrit : « La littérature doit devenir une littérature de parti. En opposition aux mœurs bourgeoises, en opposition à la presse bourgeoise patronale et mercantile, en opposition à l'arrivisme littéraire et à l'individualisme bourgeois, à l'"anarchisme de grand seigneur" et à la chasse au profit, le prolétariat socialiste doit préconiser le principe d'une littérature de parti, le développer et l'appliquer sous une forme aussi pleine et aussi entière que possible. [...] À bas les littérateurs sans parti ! À bas les surhommes de la littérature ! La littérature doit devenir un élément de la cause générale du prolétariat, une "roue et petite vis" dans le grand mécanisme social-démocrate, un et indivisible, mis en mouvement par toute l'avant-garde consciente de la classe ouvrière. La littérature doit devenir partie intégrante du travail organisé, méthodique et un unifié du parti social-démocrate. »

Signalons que dans ces années post soixante-huit, le gauchisme se revendiquait comme tel, se voulant en opposition aux partis politiques se réclamant du communisme. D'ailleurs Daniel Cohn-Bendit - qui, dans cet entretien, fait référence à Marcuse pour signaler en quoi lui-même se dissocie également du léninisme - publie un ouvrage en réponse à Lénine, intitulé *Le gauchisme, remède à la maladie sénile du communisme*. Marcuse assume donc cette position de gauchisme, et retourne la critique au Parti communiste, devenu selon lui, depuis Lénine, le contraire d'un parti révolutionnaire, à savoir un parti de bureaucrates. Quant au gauchisme, « c'est la réponse d'une minorité révolutionnaire à ce parti de l'ordre qu'est devenu le Parti communiste, et qui n'est plus le parti de Lénine, mais un parti social-démocrate[191] ». Ceux qui ont vécu les événements de mai 1968 ont encore en mémoire l'élan révolutionnaire unissant étudiants et ouvriers réalisant une action politique, et ce, « contre les consignes implicites du Parti communiste[192] et de la CGT[193] ». C'est donc le gauchisme qui, selon Marcuse, incarne maintenant la dimension révolutionnaire de cette fameuse avant-garde non léniniste constituée par les étudiants en lutte, non intégrés dans les appareils des partis. « De ce point de vue, on peut effectivement parler de groupes "privilégiés", d'une "élite" ou même d'une "avant-garde". Mais d'un autre côté, ce furent précisément ces "privilèges" - le fait de rester à l'écart du processus de production, de ne pas y être intégré - qui poussèrent au développement d'une conscience politique radicalisée[194] ».

---

191 Marcuse, entretien de *L'Express*, 1968.

192 « Après les élections françaises qui ont suivi la révolte étudiante, et où la gauche a été écrasée par la réaction, *L'Humanité* écrivait (cité par *The Los Angeles Times*, 25 juin 1968) : "Chaque barricade, chaque voiture incendiée, a fourni au parti gaulliste des dizaines de milliers de voix." », Marcuse, 1969, p. 93.

193 Marcuse, 1969, p. 81.

194 Marcuse, 1976, p. 19.

Conclusion

Cinquante ans plus tard

Depuis un demi-siècle, l'histoire a poursuivi son œuvre. Le capitalisme a accru sa mondialisation et a renforcé sa mutation en néocapitalisme financier encore plus destructeur de l'humanité de l'homme. Le régime soviétique s'est évanoui avec la chute du mur de Berlin. La Chine s'est convertie au capitalisme. Il demeure quelques tyrannies communistes de par le monde, et il semble bien que conformément aux prédictions et aux craintes de Marcuse, la société américaine soit en train d'imposer sa culture et sa civilisation à une part de plus en plus importante de la planète[195].

L'opposition de fond au capitalisme et à ses valeurs demeure toutefois ; elle n'est maintenant plus majoritairement celle des régimes communistes, ni celle de l'anarchisme, du léninisme, du maoïsme, du trotskisme, du situationnisme, ni celle de la classe ouvrière, qui n'est plus une force révolutionnaire[196] - la lutte des classes ayant cédé la place à ce que Marcuse nomme « la

---

195 « Je crois ou je crains que la société américaine ne devienne le modèle pour les autres pays capitalistes, et peut-être même pour les pays socialistes. », Marcuse, entretien de *L'Express*, 1968.

196 « La classe ouvrière n'a pas perdu son rôle historique, elle est toujours le principal moteur de la transformation ; mais elle assume, en cette période de stabilisation, une fonction stabilisatrice, et les catalyseurs de la transformation doivent agit *de l'extérieur*. », Marcuse, 1969, p. 76.

collaboration de classes » - et qui n'aspire qu'à intégrer la classe moyenne et à bénéficier des bienfaits de la société de consommation, ni celle des étudiants, qui attendent avant tout de leurs diplômes qu'ils leur donnent accès à un emploi, n'espérant même plus un métier. Les anciennes guerres des années soixante et soixante-dix ont cessé, mais bien d'autres aussi destructrices sinon plus, ont pris logiquement le relais ; logiquement, puisque la société capitaliste, « la société close sur l'intérieur s'ouvre vers l'extérieur par l'expansion économique, politique et militaire. » La guerre est la continuation de l'économie et du commerce par d'autres moyens. La loi économique fondamentale du capitalisme consiste en l'accumulation maximale des profits, réalisés par l'exploitation et l'appauvrissement systématique des populations, tant dans les pays capitalistes que dans les pays non économiquement développés. Le colonialisme est en ce sens, non pas la conséquence du capitalisme, mais son essence même. La militarisation de l'économie est dès lors en totale conformité avec la logique du profit maximal.

La situation est de nos jours d'autant plus catastrophique, qu'à ces emprises et exploitations intérieures et extérieures croissantes du capitalisme, qui est une colonisation intérieure et extérieure sans cesse augmentée, s'ajoute ce que l'on nomme sa crise - en réalité son fonctionnement cyclique - qui laisse en souffrance une part de plus en plus grande de la population mondiale et même s'en nourrit. A cette décomposition interne du système, qui se survit toutefois dans une perpétuelle fuite en avant, s'ajoute une nouvelle menace, bien plus grande encore, à la fois intérieure et extérieure elle aussi : celle du nouvel ennemi idéologique inattendu du capitalisme, adversaire inimaginable dans les années soixante, ennemi qui n'est plus - comme l'était autrefois le marxisme - de nature politique, mais de nature religieuse et conquérante. Cet ennemi ne revendique pas l'égalité des humains et une société sans classes, mais la supériorité d'une caste sacerdotale et de ses affiliés sur les non-croyants ou les hérétiques. Il s'agit là d'un totalitarisme intégriste théocratique, œuvrant à une révolution culturelle et cultuelle mondiale, initiant une mondialisation d'une nouvelle sorte, clairement dirigée contre les valeurs de la société libérale avancée.

Cette révolution fondamentaliste et religieuse en marche n'est ni éclairée, ni progressiste, ni ouvrière, ni étudiante, comme l'espérait Marcuse. Elle se situe aux antipodes mêmes de la pensée libertaire, à l'exact opposé des valeurs démocratiques et humanistes. Elle prêche l'obéissance et la soumission, le renoncement à la Raison, l'abdication de toute pensée et conduite libre. Elle prétend gouverner l'existence publique comme l'existence privée, repliant la morale, la politique et le droit sur la seule loi de Dieu. Cette révolution armée n'est pas du tout - contrairement aux espérances marcusiennes - le produit d'une avant-garde intellectuelle lucide, voulant détruire le capitalisme pour instaurer une société enfin humanisée, érotisée et esthétisée. Elle émane tout à l'inverse d'une force surgie d'un lointain passé pré-rationnel, profondément réactionnaire, rétrograde, régressif, programmant la déshumanisation de cet humain qui était encore en voie d'humanisation, annonçant la venue d'un nouveau Moyen-Âge avec son appareil inquisitorial. Idéologie tyrannique, inégalitaire et liberticide, opposant la loi de Dieu à la Loi Naturelle, et le droit du plus fort aux Droits de l'homme, la foi au savoir, et la religion à la philosophie, s'imposant par la violence faite aux esprits et aux corps, voulant plus que tout et à tout prix, la mort de la Raison et l'extinction des Lumières, la fin d'un monde.

Se pourrait-il alors que la formule *socialisme ou barbarie*, inventée par Rosa Luxembourg en 1916, reprise par Cornélius Castoriadis et Claude Lefort en 1948, donnant naissance à une organisation anti-léniniste proche du communisme de conseils, récusant à la fois fascisme, capitalisme et régime soviétique, formule reprise enfin par Marcuse lui-même en cette affirmation : « L'alternative classique : "socialisme ou barbarie" est aujourd'hui plus actuelle que jamais[197] », se pourrait-il que cette formule destinée à incarner une certaine pensée libertaire, cède la place à une autre formule, modifiant l'imputation de barbarie faite à la fois au capitalisme, au fascisme et au stalinisme, pour la destiner à une nouvelle barbarie ? Il s'agirait alors d'une formule infiniment plus sombre en raison de sa dimension aporétique condamnant peut-être toute Libération possible.

Cette nouvelle alternative se formulerait ainsi : *capitalisme ou barbarie* ? Marcuse maintiendrait-il en notre temps, l'actualité de la formule qu'il énonce en son temps ? Inviterait-il encore de nos jours à « démolir la prison » que constitue la société libérale avancée, sachant qu'elle risque d'être remplacée, non pas par une maison commune auto-gérée, mais par un bagne et une barbarie radicale ?

La question clef, caractéristique de notre actualité est peut-être alors la suivante : peut-on maintenant, face à ce danger majeur qu'est l'impérialisme religieux terroriste, toujours vouloir la mort du capitalisme sans tuer la démocratie et les Droits de l'homme ? Ce qui présuppose résolues ces questions emboîtées :

---

[197] Marcuse, 1976, p. 35.

- La démocratie et le capitalisme sont-ils consubstantiels et donc indissociables ?
- À supposer qu'ils soient dissociables, est-il possible d'expulser le capitalisme de notre démocratie sans ouvrir la porte à une tyrannie ?
- Plus simplement, que devient le projet révolutionnaire en temps de guerre ?

BIBLIOGRAPHIE

Denis Jacques-François, *Histoire des théories et des idées morales de l'Antiquité*, Durand, Paris, 1856

Durkheim Emile, *Définition du fait moral* in *Religion, morale, anomie*, Minuit, Paris, 1975

Engels Friedrich, *Anti-Dühring*, Éditions sociales, Paris, 1972

Engels Friedrich, *Lettre à Joseph Bloch*, 21 au 21 septembre 1890

Engels Friedrich, *Ludwig Feuerbach, Études philosophiques*, Éditions sociales, Paris, 1968

Farrugia Francis, *La construction de l'homme social. Essai sur la démocratie disciplinaire*, Éditions Syllepse, Paris, 2005

Farrugia Francis, *Le syndrome narratif : théorie et terrain*, Cahiers internationaux de sociologie, vol. CXXVII (269-289), PUF, 2009

Farrugia Francis, *Le syndrome narratif : une « inquiétante étrangeté ». L'Étranger, Don Quichotte et Freud*, Sociologies, Dossiers, *Émotions et sentiments, réalité et fiction*, 2010, URL : http://sociologies.revues.org/index3152.html.

Farrugia Francis, *Freud sur l'Acropole. Lecture analytique d'une expérience esthétique,* G. Ferréol (dir.), Intercommunications, Bruxelles, 2012.

Farrugia Francis, *Le syndrome narratif. Subectivations et désubjectivations épistémologiques et sociales*, G. Ferréol (dir.), Intercommunications, Bruxelles, 2014a.

Farrugia Francis, *Les endotechniques du contrôle politique et social, Un syndrome narratif normatif,* Les cahiers de psychologie politique, numéro 25, juillet 2014b, URL : http://lodel.irevues.inist.fr/cahierspsychologiepolitique/index.php?id=2770

Freud Sigmund, *Essais de psychanalyse*, Payot, Paris, 1966

Freud Sigmund, *L'avenir d'une illusion*, PUF, Paris, 1971a

Freud Sigmund, *Nouvelles conférences sur la psychanalyse,* Gallimard, Paris, 1971b

Freud Sigmund, *Malaise dans la civilisation*, PUF, Paris, 1971c

Freud Sigmund, *Moïse et le monothéisme*, Gallimard, Paris, 1948

Freud Sigmund, *Totem et tabou*, Payot, Paris, 1971d

Furth Peter, *La fin de l'utopie*, Combat Seuil, Paris, 1968
Gramsci Antonio, *Textes*, Les classiques des sciences sociales, http://classiques.uqac.ca/
Hegel Friedrich, *Principes de la philosophie du droit*, Gallimard, Paris, 1940
Horkheimer Max, *Théorie traditionnelle et théorie critique*, Gallimard, Paris, 1974
La Boétie Étienne (de), *Le discours de la servitude volontaire*, Les classiques des sciences sociales, http://classiques.uqac.ca/, 2002
Marcuse Herbert, *Actuels*, Galilée, Paris, 1976
Marcuse Herbert, *Contre révolution et révolte*, Seuil, Paris, 1973
Marcuse Herbert, *Culture et société*, Minuit, Paris, 1970
Marcuse Herbert, *Eros et civilisation*, Points, Paris, 1963
Marcuse Herbert, *La fin de l'utopie*, Seuil, Delachaux & Niestlé SA, Neuchâtel, 1968a
Marcuse Herbert, *L'homme unidimensionnel*, Minuit, Paris, 1968b
Marcuse Herbert, *Philosophie et révolution*, Denoël, Paris, 1969
Marcuse Herbert, *Raison et révolution*, Minuit, Paris, 1968c
Marcuse Herbert, *Tolérance répressive*, Homnisphère, Paris, 2008
Marcuse Herbert, *Vers la libération*, Minuit, Paris, 1969
Marcuse Herbert, *L'Express*, 1968
Marcuse Herbert, *Le Monde*, 1969
Marcuse Herbert, *Le Nouvel Observateur*, 1973
Marcuse Herbert, *Libération*, 1976
Marcuse Herbert, *Théorie et pratique*, conférence donnée à Francfort le 28 juin 1974
Marx Karl, *Contribution à la critique de l'économie politique*, Éditions sociales, Paris, 1972a
Marx Karl, *Contribution à la critique de la philosophie du droit de Hegel*, Éditions sociales, Paris, 1975
Marx Karl, *La question juive*, Aubier, Paris, 1974
Marx Karl, *Le Capital*, Éditions sociales, Paris, 1972b
Marx Karl, *Le 18 brumaire de Louis Bonaparte*, Éditions sociales, Paris, 1976
Marx Karl, *Études philosophiques*, Éditions sociales, 1968
Marx Karl, *Manifeste du parti communiste*, Éditions sociales, Paris, 1966
Marx Karl, *Misère de la philosophie*, Éditions sociales, Paris, 1947
Marx Karl, *Socialisme utopique et socialisme scientifique*, Éditions sociales, Paris, 1969
Marx Karl et Friedrich Engels, *La Sainte famille*, Éditions sociales, Paris, 1969

Karl Marx et Engels Friedrich, *L'Idéologie allemande*, Éditions sociales, Paris, 1965

Orwell Georges, *1984*, Folio, Paris, 1972

Orwell Georges, *Shooting an Elephant and Other Essays*, Harcourt, Brace & Company, 1946

Rousseau Jean-Jacques, *Discours sur l'origine et les fondements de l'inégalité,* Garnier Flammarion, Paris, 1971

Sociologie et questions de société
aux éditions L'Harmattan

Dernières parutions

QUITTER LE MÉTIER POLITIQUE
Le retrait de la vie politique de Jean-Philippe Magnen
Dalibert Louise - Préface de Goulven Boudic
Il est très rare que les politiciens quittent le métier politique volontairement. Pourtant, le 30 septembre 2014, Jean-Philippe Magnen annonce sa décision d'arrêter la vie politique pour reprendre son activité de psychothérapeute. Selon lui, l'engagement politique électif devrait être « un passage de vie » et non « une carrière ». En analysant cette décision, cet ouvrage tente d'éclairer ce qui explique la rareté de cette conception de la vie politique en mettant en évidence ses logiques de fonctionnement ainsi que les rétributions et gratifications qu'y découvrent la plupart des politiciens professionnels.
(24.00 euros, 236 p.)
ISBN : 978-2-343-09457-1, ISBN EBOOK : 978-2-14-001467-3

LA NOUVELLE PENSÉE UNIQUE EN SOCIAL-DÉMOCRATIE
Haro contre le lobbying liberticide des faiseurs d'opinions !
Desurvire Daniel
L'ouvrage aborde un principe-clé qui ouvre l'une des premières portes à la démocratie : le droit à la vie privée. Or, cette liberté a été clandestinement confisquée aux citoyens en 2015 par une loi relative au renseignement. A quelles fins une telle indiscrétion généralisée et pour servir quels intérêts ? Quelle réponse efficace doit-on attendre d'une surveillance intégrale ? Cet ouvrage analyse et questionne cette surveillance pour mieux en révéler les limites. Il ne saurait y avoir de liberté là où une oligarchie s'octroie la faculté de sonder et capturer les opinions des gens.
(33.00 euros, 328 p.)
ISBN : 978-2-343-09411-3, ISBN EBOOK : 978-2-14-001439-0

LE TRAVAIL EST-IL ENCORE PORTEUR DE VALEURS ?
Massot-Bordenave Philippe
Le travail est au centre de nos vies contemporaines. En son absence, le chômage est source de frustration et de mise au ban de la société de consommation. Pour autant peut-on dire que le travail, porteur de nombreux paradoxes, est le futur de nos sociétés ? Voici observés quelques travailleurs dans leur vie quotidienne de

labeur. Les diverses formes de travail contribuent-elles, avec la même efficacité, à la création de valeurs ? Pourquoi le travail crée-t-il de la richesse dans les pays du Nord et entretient-il une certaine pauvreté dans ceux du Sud ?
(Coll. Questions contemporaines, 25.50 euros, 254 p.)
ISBN : 978-2-343-08822-8, ISBN EBOOK : 978-2-14-001545-8

TRANSITION PERIODS AS FOUNDING PILLARS OF DEMOCRACY
Mapua Bambissa Antonio - Préface : Emmanuel Caulier
The purpose of this book is to explain why, after the occurrence of unconstitutional changes of government, a period of transition is necessary. The author sustains the view that periods of transition present opportunities to not only set up the structural foundations of the soul of the nation, but also to establish solid democratic institutions and durable peace. He believes that the success of a democratic transition is founded on the way transitional institutions are organised, as well as on their commitment to peace and to democratic values. Many instances are based in african countries.
(Coll. Diplomatie et stratégie, 17.50 euros, 164 p.)
ISBN : 978-2-343-09676-6, ISBN EBOOK : 978-2-14-001325-6

L'AUTONOMISATION DES SCIENCES HUMAINES
Théories en sciences humaines au XXe siècle
Laflamme Simon
Une théorie, pour être comprise, doit être maîtrisée tant dans ses concepts que dans ses développements. Partant de ce principe logique et méthodologique, l'auteur, en une dizaine de pages, nous initie aux théories en sciences sociales qui ont marqué le XXe siècle. Ce volume se concentre sur les auteurs qui ont donné aux sciences humaines leur force et leur autonomie : Marx, Spencer, Peirce, Le Bon, James, Pareto, Freud, Saussure, Durkheim, Simmel et Weber.
(Coll. Pour Comprendre, 17.00 euros, 160 p.)
ISBN : 978-2-343-09688-9, ISBN EBOOK : 978-2-14-001590-8

DÉLINQUANCE ET IMMIGRATION : UN LIEN AVÉRÉ ?
Étude sur les mineurs délinquants détenus dans les Bouches-du-Rhône
Halidi Adjimaël Ibrahim
À partir d'une enquête sociologique sur les mineurs délinquants détenus dans les Bouches-du-Rhône, ce livre met en exergue les mécanismes sous-tendant la surreprésentation des mineurs issus de l'immigration dans les statistiques judiciaires et policières.
(13.00 euros, 114 p.)
ISBN : 978-2-343-09766-4, ISBN EBOOK : 978-2-14-001540-3

CAFÉS-COUPLES
Noël Alpi
Les mariages civils et religieux entre jeunes de la diversité culturelle sont-ils le principal vecteur d'un dialogue entre les cultures ? Le film propose une exploration au sein de ces unions à travers cinq couples mixtes qui se réunissent périodiquement dans des cafés afin d'échanger sur leur expérience et surmonter les difficultés rencontrées au niveau des familles des générations antérieures.

Cinq couples ont participé à ce documentaire qui s'est entièrement déroulé dans le cadre d'un tournage réalisé dans le Grand-Lyon au cours de l'année 2014. Sont également intervenues dans le film les personnalités religieuses suivantes : le Cardinal Archevêque de Lyon Philippe Barbarin, le Grand Rabbin de Lyon Richard Wertenschlag, le Recteur de la Mosquée Othman de Villeurbanne Azzedine Gaci, ainsi que les sociologues Catherine Delcroix (Université de Strasbourg) et Beate Collet (Université Paris-Sorbonne).
(20.00 euros) ISBN : 978-2-336-31147-0

LA VRAIE VIE EST ABSENTE
Regards anthropologiques sur notre monde
Péruisset-Fache Nicole
Alors qu'un grand nombre de malheurs semblent s'abattre sur notre société (crise économique, chômage, terrorisme, morosité...), nous avons tendance à oublier qu'ils résultent en partie de rapports socio-économiques. Le néolibéralisme, bien plus qu'une conception économique particulière, a bouleversé les rapports au monde. Si la «vraie» vie reste absente pour la grande majorité des êtres humains, c'est qu'il existe encore des pistes à explorer.
(Coll. Questions contemporaines, 19.00 euros, 190 p.)
ISBN : 978-2-343-09708-4, ISBN EBOOK : 978-2-14-001414-7

CORPS ET MÉTHODOLOGIES
Corps vivant, corps vécu, corps décrit
Sous la direction de Nicolas Burel
Épistémologique, scientifique ou empirique, chaque contribution à cet ouvrage se replace dans un modèle plus complexe de compréhension du corps : d'un corps vivant, siège des réactions de notre organisme immergé dans l'environnement, à un corps vécu, siège de nos ressentis affectifs et émotionnels, vers un corps décrit, fruit de l'éveil de la conscience. Cet ouvrage cherche à transcender les cloisonnements disciplinaires classiques pour porter un regard complexe sur le corps.
(Coll. Mouvements des Savoirs, 25.00 euros, 254 p.)
ISBN : 978-2-343-09796-1, ISBN EBOOK : 978-2-14-001627-1

CHÔMAGE
La courbe qui ne voulait pas s'inverser !
Peyrard-Moulard Martine, de la Marandais Jean-François
Le chômage est-il une fatalité liée aux caractéristiques de notre système économique et social ou un simple dysfonctionnement du marché qui peut être corrigé ? Beaucoup a été écrit sur le chômage mais le résultat est toujours le même depuis plus de trente ans : le chômage est massif et durable en France. L'originalité de cet ouvrage est d'être écrit par deux auteurs aux profils différents et complémentaires : une enseignante-chercheur en économie et un ancien cadre d'entreprise. Cette complémentarité leur permet d'aborder le chômage sous des angles variés et de faire des propositions qui entendent bousculer les idées reçues avec une seule obsession : contribuer à inverser cette « maudite courbe ».
(Coll. Questions contemporaines, 24.50 euros, 248 p.)
ISBN : 978-2-343-08208-0, ISBN EBOOK : 978-2-14-000676-0

PARTICIPATION ET MÉDIATION(S)
Nouveaux regards pour de nouveaux enjeux
Sous la direction de Danielle Pailler et Caroline Urbain
Pourquoi la médiation et quels sont les objets de médiation ? Qu'est-ce qui fait médiation ? En quoi les médiations sont-elles complémentaires ? Aujourd'hui, le «consommateur» de culture(s) ne peut plus être compris dans sa seule posture de réception. Cet ouvrage met un focus spécifique sur les nouvelles et nécessaires approches de la médiation que ces mouvements imposent, et croise les regards d'artistes, de publics, d'acteurs culturels et sociaux et de chercheurs.
(Coll. Logiques sociales, 26.00 euros, 266 p.)
ISBN : 978-2-343-08302-5, ISBN EBOOK : 978-2-14-001591-5

LA FRANCE INQUIÈTE FACE À SON AVENIR
Des élections européennes de mai 2014 à l'élection présidentielle de mai 2017
Nkunzumwami Emmanuel
La France traverse une crise structurelle qui se traduit par un chômage durable. L'État dépense énormément pour le faire baisser, sans succès. Les citoyens s'impatientent. Un parti politique a compris que son électorat se recrute plus particulièrement dans une partie de cette France inquiète et fragilisée. Cet ouvrage analyse les cas et les territoires de conquête du Front National, à partir du Nord-Pas-de-Calais – Picardie et étend l'étude à toutes les nouvelles régions soumises à sa pression.
(Coll. Questions contemporaines, 39.00 euros, 458 p.)
ISBN : 978-2-343-08946-1, ISBN EBOOK : 978-2-14-000580-0

LA DÉTENTION DES DEMANDEURS D'ASILE AU SEIN DE L'UNION EUROPÉENNE
Bing Camille - Préface d'Alexis Vahlas
La détention des demandeurs d'asile est aujourd'hui une pratique commune à tous les pays de l'Union européenne, bien que contraire à la Convention de 1951 relative au statut des réfugiés. Cet ouvrage s'attache à examiner de manière exhaustive cette pratique au sein des États membres de l'Union. Ces pages apportent un éclairage cru sur la façon dont sont traités les individus arrivant sur le sol des États membres de l'UE.
(Coll. Inter-National, 14.00 euros, 126 p.)
ISBN : 978-2-343-08791-7, ISBN EBOOK : 978-2-14-000609-8

L'HARMATTAN ITALIA
Via Degli Artisti 15; 10124 Torino
harmattan.italia@gmail.com

L'HARMATTAN HONGRIE
Könyvesbolt ; Kossuth L. u. 14-16
1053 Budapest

L'HARMATTAN KINSHASA
185, avenue Nyangwe
Commune de Lingwala
Kinshasa, R.D. Congo
(00243) 998697603 ou (00243) 999229662

L'HARMATTAN CONGO
67, av. E. P. Lumumba
Bât. – Congo Pharmacie (Bib. Nat.)
BP2874 Brazzaville
harmattan.congo@yahoo.fr

L'HARMATTAN GUINÉE
Almamya Rue KA 028, en face
du restaurant Le Cèdre
OKB agency BP 3470 Conakry
(00224) 657 20 85 08 / 664 28 91 96
harmattanguinee@yahoo.fr

L'HARMATTAN MALI
Rue 73, Porte 536, Niamakoro,
Cité Unicef, Bamako
Tél. 00 (223) 20205724 / +(223) 76378082
poudiougopaul@yahoo.fr
pp.harmattan@gmail.com

L'HARMATTAN CAMEROUN
BP 11486
Face à la SNI, immeuble Don Bosco
Yaoundé
(00237) 99 76 61 66
harmattancam@yahoo.fr

L'HARMATTAN CÔTE D'IVOIRE
Résidence Karl / cité des arts
Abidjan-Cocody 03 BP 1588 Abidjan 03
(00225) 05 77 87 31
etien_nda@yahoo.fr

L'HARMATTAN BURKINA
Penou Achille Some
Ouagadougou
(+226) 70 26 88 27

L'HARMATTAN SÉNÉGAL
10 VDN en face Mermoz, après le pont de Fann
BP 45034 Dakar Fann
33 825 98 58 / 33 860 9858
senharmattan@gmail.com / senlibraire@gmail.com
www.harmattansenegal.com

L'HARMATTAN BÉNIN
ISOR-BENIN
01 BP 359 COTONOU-RP
Quartier Gbèdjromèdé,
Rue Agbélenco, Lot 1247 I
Tél : 00 229 21 32 53 79
christian_dablaka123@yahoo.fr

Achevé d'imprimer par Corlet Numérique - 14110 Condé-sur-Noireau
N° d'Imprimeur : 133617 - Dépôt légal : novembre 2016 - *Imprimé en France*